노래 위의 노래

찬송

찬송과 음악의 역사적, 신학적 해설

노래 위의 노래
찬송

초판 1쇄 발행　　2016년 5월

지은이　　신 혁
펴낸이　　김진우
펴낸곳　　생명나무
전화　　02)977-2780
팩스　　02)977-2780
등록일　　2016. 10. 20
등록번호　　318-93-00280
주소　　서울특별시 노원구 수락산로(상계동) 258, 502호
홈페이지　　www.rcw.kr

총판　　(주)비전북출판유통
　　　　　경기도 고양시 일산서구 덕이동 1347-7
　　　　　전화: 031-907-3927
　　　　　팩스: 031-905-3297

디자인　　토라디자인(010-9492-3951)

ISBN　　979-11-9593-061-6 03230
가격　　10,000 원

생명나무 출판사는

위대한 종교개혁의 정신을 계승하고, 개혁신앙의 유산을 이 시대에 적용하고 확산시키며 후손들에게 상속하기 위해 설립되었습니다. 이러한 거룩한 도전과 모험을 통해서 주께서 영광을 받으시고 주의 백성들이 새롭게 되며, 교회가 참된 권능을 회복하도록 최선을 다하겠습니다.

노래 위의 노래

찬송

찬송과 음악의 역사적, 신학적 해설

노래 위의 노래

Contents

추천사	6
들어가는 말	12
1장 성경이 가르치는 찬송	22
2장 찬송에 합당한 음악을 위한 음악사의 고찰	58
(I) 중세의 음악 (450~ 1450)	68
(II) 르네상스의 음악(1450~ 1600)	95
(III) 바로크의 음악(1600~ 1750)	103
(IV) 고전주의의 음악(1750~ 1820)	118
(V) 낭만주의의 음악(1820~ 1900)	126
(VI) 20세기의 음악(1900년 이후)	134
3장 현대음악 이후 CCM까지	150
(VII) 로큰롤	151
(VIII) 초기 CCM의 철학	157
4장 그러면 우리는 어떻게 해야 하는가?	166
참고문헌	180

추천사

참된 찬송을 드리기 위하여

    기독교는 모든 종교 활동을 통해서 하나님께 영광을 돌리는 종교이다. 경건이란 "하나님을 기쁘시게 하는 존재와 활동"이다. 경건은 신자의 존재 방식이자 삶의 방식이다. 따라서 진정한 기독교에는 존재와 삶이 분리된 종교 행위는 없다. 우리의 기도와 예배, 찬양과 봉사에 우리가 누구이며, 무엇을 갈망하고 있는지가 표현된다.

    기도할 때 우리는 우리의 기도를 들으시는 분이 누구시며, 우리가 누구인지를 먼저 인식해야 한다. 하늘에 계신 초월적인 하나님을 "우리 아버지"라고 부를 수 있을 때, 우리는 기도의 자리로 나아갈 수 있다. 그래서 예수 그리스도의 구속 사역 안에서 하나님의 아들이 된 사람만이 기도할 수 있다. 하지만 아들로서 하늘 아버지께 드리는 말이 모두 기도가 되지 않는다. 아들이 아버지의 뜻에는 관심 없이 자신이 원하는 것을 달라고 조른다면, 아버지를 괴롭게 하는 행동이다. 우리가 기도하기 위해서는 먼저 아들로서 아버지의 말씀을 잘 들어야 한다. 아버지의 뜻을 알고, 그 뜻을 이루기 위해 살면서 기도해야 한다. 이렇게 주님의 나라와 그분의 뜻을 이루는 활동을 하면서 드리는 기도가 열납되는 기도다. 이처럼 기도는 삶과 분리될 수 없다.

예배도 마찬가지다. 우리의 존재와 활동이 하나님께서 기뻐하시는 산 제사로 드려질 때 참 예배가 된다. 이를 시편 95편과 히브리서 3장과 4장이 이를 잘 가르쳐 준다. 구원받은 신자는 하나님을 영화롭게 하고 그를 영원토록 즐거워하는 것에서 참된 만족과 행복을 누린다. 기독교의 복은 공예배를 통해서 받은 말씀을 삶에서 구현함으로써 누린다. 그래서 진정한 예배는 삶에서 완성된다.

찬양은 우리 영혼이 할 수 있는 최고의 활동이다. 찬양은 높이 계신 하나님을 계신 그대로 인정해 드리는 것이다. 따라서 찬양은 하나님을 아는 지식과 하나로 연결되어 있다. 하나님의 존귀와 영광과 능력을 아는 만큼 그분을 합당하게 높이며 찬양할 수 있다. 찬양은 하나님의 위대하심을 경험한 사람의 영혼과 삶에서 자연스럽게 흘러나오는 아름다운 멜로디이다.

구약과 신약의 교회는 찬양에 곡조를 붙여 노래하면서 하나님의 주권 앞에 있는 인생과 세계, 역사를 가르쳤다. 일찍부터 신앙인들은 찬양 음악을 통해 하나님 중심의 세계관을 정립(正立)했다. 시편과 구원하신 은혜를 찬양하는 가사에 곡을 붙여 노래하면서 주님을 닮은 성품을 조형(造形)하려고 노력했다. '음악은 감정을 움직이고, 노래하는 사람의 의지와 상상력을 사로잡기 때문에 그들은 자신들이 노래하는 가사 내용을 따라 살기로 작정한다.'(고든 웬함)

찬양을 통해 기독교 세계관을 형성하고, 우리 존재와 삶이 하나님께서 기뻐하시는 제사가 되게 하려면 어떻게 해야 할까? 『노래 위의 노래, 찬송』은 바로 이 질문에 성경적 답을 제시한다. 저자 신혁 목사님은 찬양의 성경적, 역사적, 신학적 탐구뿐만 아니라, 찬송에 합당한 음악은 무엇인지, 그리고 오늘날 유행하고 있는 CCM을 비롯한 복음 송가와 그 악곡(樂曲)들의 문제까지 쉽고 명쾌하게 분석한 후에 답을 제시한다.

특히 성악을 전공한 저자는 초대교회부터 현대 음악까지 방대한 음악사(音樂史)를 알기 쉽게 정리해 준다. 그뿐만 아니라 각 시대의 사조(思潮)와 시대 정신이 음악에 어떤 영향을 미쳤는지를 신학적으로 해설해 준다. 저자는 개혁파 목사로서 오늘날 개혁 교회가 찬송가로 사용할 수 있는 음악을 선택하는 분명한 기준을 제시한다. 오늘날 교회들이 겪고 있는 많은 혼란은 신학이 실종된 종교 행위들(기도, 예배, 찬양)이 범람하기 때문이다. 저자는 문화 비평적인 자세를 견지하면서 찬송의 회복이 곧 신앙의 회복으로 이어진다는 것을 설득력 있게 보여 준다. 저자는 합당한 찬송가를 부르는 신자가 삶으로 찬양할 수 있음을 역설한다.

이 책을 통해 한국교회가 찬송에 대한 바른 분별력을 회복하게 될 것으로 기대한다. 성경이 가르치는 대로 찬양하는 사람은 예수님을 닮은 성경적 세계관을 형성하게 된다. 따라서 이 책은 기독교 세계관을 정립하는 데도 큰 도움을 줄 것이다. 바른 찬양의 회복과 기독교 세계관을 형성하기 원하는 교회와 성도들에게 이 책을 강력히 추천한다.

노천상 목사(예림개혁교회)

노래 위의 노래

찬송

찬송과 음악의 역사적, 신학적 해설

들어가는 말

　　세상에는 다양한 종류의 음악이 존재한다. 나라마다, 민족마다, 또는 시대마다 특색 있으면서도 다양한 음악들이 전해지거나 창작되고 있으며, 사람들은 여러 분야에서 각자의 목적에 따라 음악을 만들어 내거나 사용하고 있다. 사용자의 필요를 충족시키는 데 있어서 기여도가 놀랍도록 크기 때문이다. 음악이 주는 그 큰 혜택 때문에 헤아릴 수 없이 많은 종류의 음악이 각 분야에서 자기들만의 목적을 위해 만들어지고 연주되고 있다. 클래식이라 불리는 음악에서부터 대중음악이나 영화음악에 이르기까지 필요를 따라 음악이 만들어지고, 사람들은 자신들도 모르게 그 음악에 깊은 영향을 받고 있다. 심지어 동물이나 화초를 키우는 목적으로 음악이 활용되기도 한다.

교회도 음악을 사용하고 있다. 특별히 교회는 찬송을 부르는 일을 중요하게 생각하는 신령한 나라이다. 노아가 **"셈의 하나님 여호와를 찬송하리로다"**(창 9:26)라고 했던 기록이나, 살렘 왕 멜기세덱이 아브라함을 축복하며 **"너희 대적을 네 손에 붙이신 지극히 높으신 하나님을 찬송할찌로다"**(창 14:20)라고 하신 말씀 등은 교회는 이미 인류 역사의 초기부터 하나님을 찬송하는 것이 주요 특징이었음을 증명하고 있다. 이 외에도 모세나 다윗 같은 인물들에 의해 주도되었던 무수한 찬송의 기록을 돌이켜보면 찬송은 신앙의 중요한 한 축을 감당하고 있음을 결코 부인할 수 없다. 하나님 백성들에게 없어서는 안 될, 신앙의 주요 요소 중 하나다.

특히 찬송에 대해 배우려면 다윗을 빼놓을 수가 없다. 수많은 시편을 지은 사실에서 알 수 있듯이 그는 하나님을 찬송하는 일에 모든 성도들의 본이 될만하다. 사무엘하 25:1은 다윗에 대해 이렇게 평가한다.

"이는 다윗의 마지막 말이라 이새의 아들 다윗이 말함이여 높이 올리운 자, 야곱의 하나님에게 기름 부음 받은 자 이스라엘의 노래 잘하는 자가 말하도다"

성경은 다윗을 용사이면서도 동시에 노래 잘하는 자로, 곧 찬송자로 설명하고 있다. 노래하는 자로서의 다윗의 비중이 메시아요 용사로서의 다윗과 견줄만하다는 말이다. 그런 의미에서 다윗은 이스라엘을 대표하는 노래하는 자답게 왕이 되어서도 찬송을 위해 수많은 시편을 짓고, 악기를 만들기도 하고(대하 7:6), 레위인들 중에 성전에서 찬송을 전적으로 감당할 직책을 제정하되 그 수를 제사를 맡은 자들과 동일하게 24반차가 되게 했다. 제사와 찬송을 동등한 비중으로 감당하게 한 것이다. 찬양사역이 제사장 사역에 못지않게 중요함을 알 수 있는 대목이다.

신약에 와서도 마찬가지다. 천군 천사들도 하나님을 찬송하고(눅 2:13), 예수님도 제자들과 함께 찬송하셨으며(마 26:30), 초대교회는 말할 것도 없고, 요한계시록에서는 이 찬송이 하늘에서까지 계속 이어져 불릴 것임을 밝히고 있다(계 5:12, 14:3, 15:3, 19:5 등 참조).

이 모든 사실들은 교회가 찬송에 대해 얼마나 뿌리 깊은 역사를 가졌으며, 하나님 나라에서 얼마나 찬송이 중요한 신앙의 요소로 여겨지고 있는지를 보여주고 있다. 찬송은 제사 제도만큼

이나 중요한 요소이자 교회가 처음부터 끝까지, 땅에서만이 아니라 하늘에서도 영원토록 지속해 나가야 하는 신앙의 핵심적인 한 요소인 것이다.

더 나아가 성경은, 찬송이 제사의 하나라고 정의하고 있다.

> "이러므로 우리가 예수로 말미암아 항상 찬미의 제사를 하나님께 드리자 이는 그 이름을 증거하는 입술의 열매니라"(히 13:15)

찬송은 제사이다. 짐승의 피로 드리는 구약의 제사제도가 예수님께서 이 땅에 오심으로 다 사라진 뒤에도 이 찬송은 성도들이 하나님께 드리는 제사의 하나로 남아 있다.

따라서 찬송은 그저 음악의 전문성만으로 그 임무를 감당할 수 없는 특별한 의미를 갖고 있다. 찬송을 맡은 자들은 음악의 전문성과 더불어 성경이 말하는 찬송의 의미에 대해서도 누구보다 깊은 관심과 정통성을 가져야 한다. 찬송은 제사라 하였으니 구약성경에서 밝힌 제사의 의미가 무엇인지를 알고 그에 맞는 정신으로 드려야 할 것이요, 다윗이 제사장들과 찬송하는 자들을 같은 무게를 두고 예배를 돕도록 하였으니 찬송 또한 제사와 같은 무게를 가지고 하나님께 드리는 제물이 되게 해야 할 것이다.

그런 의미에서 찬송은 무엇보다 우선적으로 하나님의 말씀에 대한 바른 이해를 필요로 한다. 제사장이 제사에 대한 하나님의 말씀을 모르는 채로 제사를 드릴 수 없고, 드린다고 해도 그런 무지한 상태로 드린 제사는 이방의 우상숭배와 다를 바 없이 되고 마는 것처럼, 말씀으로 알려주신 찬송에 대한 깊은 살핌과 이해 없이 찬송을 만들거나 부른다는 것은 그저 우상을 섬기는 자들의 노래와 다를 바 없기 때문이다. 하나님께서 이스라엘 백성들을 책망하실 때와 유사하다.

> "여호와께서 말씀하시되 너희의 무수한 제물이 내게 무엇이 유익하뇨 나는 수양의 번제와 살진 짐승의 기름에 배불렀고 나는 수송아지나 어린 양이나 수염소의 피를 기뻐하지 아니하노라 너희가 내 앞에 보이러 오니 그것을 누가 너희에게 요구하였느뇨 내 마당만 밟을 뿐이니라"(사 1:11-12)

이스라엘은 나름대로 열심히 제물을 바친다고 하였으나 그것은 하나님이 받을 수 없는 헛된 제물이었을 뿐임을 지적하시는 말씀이다. 이런 모습이 오늘날 드리는 찬미의 제사에도 적용될 수 있다. 교회에 무수히 넘쳐나는 찬송이 하나님과는 상관없이 그저 교회마당만 밟는 꼴이 될 수 있다.

찬송은 기본적으로 제사이며, 제사는 바치는 사람의 마음에 흡족하다고 완성되지 않는다. 받으실 분의 마음이 흡족해야 한다. 제사를 받으시는 하나님이 어떤 제물을 원하시는지, 어떤 찬송을 기뻐하시는지를 고민하지 않고 그저 나의 즐거움과 정성만을 기준 삼아 찬미의 제사를 바치려 한다면 구약 백성들이 들었던 책망을 받지 않으리라는 보장이 없다. 그런 점에서 모든 교회는 성경이 말씀하고 있는 찬송의 의미를 절대적 기준으로 삼아 신중하게 찬송의 제물을 정하고 바쳐야 한다.

안타깝게도 오늘날 교회 안에서는 성경을 기준으로 삼아 찬송이 무엇인지, 어떻게 해야 찬미의 제사다운지를 고민하며 만들어 부르기보다는 각자의 성향에 따라, 또는 그저 세상에서 불리고 있는 다양한 음악을 끌어다 쓰면서 그 안에 종교적 열정을 담았다는 이유만으로 찬송이라고 이름 붙이는 모습이 크게 확산되고 있는 추세이다. 교회에서 부른다고 다 찬송이 되는 것은 아니다. 모든 교회가 찬송을 부르고 있고, 교인들도 경우에 따라서는 수십 년 동안 불러왔기 때문에 나름대로의 찬송론을 주장하기도 하지만 그 점에 있어서 우리는 좀 더 신중해져야 한다. 찬송은 사람들의 의견을 모아서 규정할 수 있는 일이 아니며, 자기들이 하고 싶은 음악을 하면서 교회에서 부른다는 것만으로 찬송이라 할 수 없다. 운동경기도 따라야 하는 규율이 엄연히 존재한다. 축구는 축구경기의 법칙대로 해야 한다. 골키퍼를 제외한 모든 선수는 운동장 안에서 아무리 급한 상황이라 해도 손을 사용하면 안 된다. 뭐든지 그 나름의 법과 규칙이 있으며 자기 맘대로 규율을 바꿔서는 안 된다. 마찬가지로 찬송에도 법이 있다. 신앙생활에서 중요한 다른 모든 점들과 함께 찬송도, '이런 것이 찬송이다'라고 하나님께서 성경에 말씀해 놓으신 것이 있다. 그런 성경의 원리에 따라 하는 것만이 찬송이 될 수 있다. 모든 성도는 "찬송이 무엇인가?" "찬송은 어떻게 불러야 하는가?" 이런 점에 대해 성경이 말씀하시는 것을 귀담아듣고 참된 찬송을 바치려고 진심을 다해야 한다. 세상에서 하는 음악을 따라하면서 '이게 찬송이야'라고 쉽게 말할 수 있는 일이 아니다.

그렇다면 찬송은 과연 어떻게 해야 하는가? 그보다 성경은 찬송을 어떻게 해야 한다고 하시는가? 찬송을 찬송답게 하기 위해서는 말씀에 대한 더욱 깊고 풍성한 이해와 하나님에 대한 믿음과 실제적인 사랑과 교제가 필요하다. 이 모든 것이 깊어질수록 하나님께서 받으시기에 합당한 모습으로 찬송을 드릴 수 있을 것이다. 이 책은 그와 같은 열망을 가진 자들을 미력하게나마 돕기 위해 마련되었다. 1장에서는 가장 기본적인 차원에서 찬송의 의미와 방식을 살펴보려 한다. 찬송이 찬송되는 데 있어서 고려해야 할 최소한의 요소들이다. 그리고 2장에서는 음악역사에 대해 간단한 요점 정리 형식으로 살펴볼 것이다. 음악이 표현하고자 하는 내용이나 그 시대의 정신에 따라 음악의 형식이 오늘날까지 어떻게 변해왔는가를 살펴, 찬송에 합당한 음악이 어떤 것이어야 하는지를 다 함께 고민하자는 의도이다. 3장에서는 현대음악의 정신이 어떤 과정을 거쳐 지금의 교회 안으로 들어와 자리 잡았는지를 살피고, 마지막 4장에서는 지금의 현실에서 우리가 찬송을 위해 어떤 일을 어떻게 해 나가야 하는지에 대해 앞부분의 내용을 토대로 간략하게 생각해보기로 하겠다.

1장

노래 위의 노래

성경이 가르치는 찬송

1장
성경이 가르치는 찬송

1. 성경이 가르치는 찬송의 의미

　찬송을 부르려는 성도들에게 가장 먼저 필요한 일은, 찬송이 무엇인가, 성경은 찬송을 무엇이라고 말하는가에 대한 공통적인 이해이다. 그 점에 대해서는 앞에서 살펴본 대로 히브리서 13:15처럼 분명한 정의가 없다 하겠다. 찬송은 "입술로 드리는 찬미의 제사"라, 곧 찬송은 구약 시대 때 제사 드리는 것과 같은 입장에서 생각해야 될 것이라는 의미이다. 동물의 피를 흘려 제물로 드리던 구약의 제사 대신 신약백성은 찬송을 제물 삼아 하나님께 제사로 드리는 것이다.

신약시대에 들어와서는 동물의 피로 드리는 그런 제사는 더 이상 드려져서는 안 되었다. 구약의 제사는 근본적으로 메시아의 희생제물 되심을 예표하는 의식이었기 때문에 예수님이 오셔서 죽으시고 부활하신 뒤에는 동물의 피로 제사드릴 필요가 없게 되었다. 구약 시대에는 동물을 제물로 하는 제사를 드리지 않으면 죄가 되었지만, 신약시대에는 그런 제사를 드리면 죄가 된다. 그건 예수님의 대제사장 되신 일과 속죄제물 되심을 믿지 않는다는 뜻이기 때문이다. 대신에 신약시대 백성들은 특별한 종류의 제사를 드리게 되어 있다(롬 12:1, 히 13:15-16 등 참조). 그중 하나가 '찬송'이다. 그리고 성경은 찬송이 구약의 제사와 같은 것이라고 정의하고 있다. 찬송은 제사를 드리는 것과 같은 원칙이나 원리로 드려야 한다는 말이다. 구약의 모든 제사 행위가 하나님께서 제정해 놓으신 규칙대로 드려야 했던 것처럼 신약백성들은 찬송을 그런 의미와 정신을 따라 하나님께 드리는 제물로 삼아야 한다. 여러 제사에 담긴 의미와 정신을 담아 하나님께 찬미의 제사를 드리는 것이다. 그런 점에서 제사에 대해 더욱 깊이 이해하려 하고, 또 하나님과 친밀한 사귐을 가지려 할수록 부르는 찬송도 달라질 수밖에 없을 것이다.

이에 따라 성경이 알려주시는 찬송의 기본원리를 살펴보려고 한다. 여기서 제사와 관련된 내용을 다 살피지는 않을 것이다. 그 점에 대해서는 독자들의 더 깊은 묵상에 맡긴다. 이 책에서 우리가 나누고자 하는 것은, 모든 제물에 공통적으로 적용되는 핵심적이고 기본적인 원칙을 확인하고 그에 따라 실제적인 면에서 찬송은 어떤 요소들을 갖출 때 과연 제물로서의 찬송이라 할 수 있는가 하는 점이다. 찬미의 제사라 부를 수 있는 최소한의 원칙들이라 할 수 있다.

2. 제사의 공통적인 특징

구약의 제사에는 한 가지 공통적인 중요한 특징이 있다. 우선 제물에 대해서 성경은 이렇게 말씀한다.

> "여호와께서 모세에게 일러 가라사대 아론과 그 아들들과 이스라엘 온 족속에게 고하여 이르라 이스라엘 자손이나 그 중에 우거하는 자가 서원제나 낙헌제로 번제를 여호와께 예물로 드리려거든 열납되도록 소나 양이나 염소의 흠 없는

수컷으로 드릴찌니 무릇 흠 있는 것을 너희는 드리지 말 것은 그것이 열납되지 못할 것임이니라"(레 22:17-20)

제사장이 어떠해야 할 것인지에 대해서도 말씀해 놓으셨다.

"아론에게 고하여 이르라 무릇 너의 대대 자손 중 육체에 흠이 있는 자는 그 하나님의 식물을 드리려고 가까이 오지 못할 것이라",
"제사장 아론의 자손 중에 흠이 있는 자는 나아와 여호와의 화제를 드리지 못할찌니 그는 흠이 있은즉 나아와 하나님의 식물을 드리지 못하느니라"(레 21:17,21)

하나님께서는 제사를 드릴 때 어떤 제물을, 어떤 제사장이, 어떻게 드려야 하는지를 명확하게 규정해 놓으셨다. 이 모든 규례들의 공통점이자 가장 큰 특징은 '흠 없음'이라 할 수 있다. 온전한 것이어야 한다는 말이다. 그래야 하는 이유는 당연히 그 제물과 제사장이 다 예수 그리스도를 상징하며 가리키는 것이기 때문이다. 그러나 그뿐만이 아니다. 이것은 우리가 어떻게 찬송을 해야 하는가에 대해서도 그 원리를 알려주는 말씀이다. 왜냐하면 찬송은 동물의 피로 드리는 제사가 무의미해진 신약시대에 와서 '왕 같은 제사장'인 성도들이 하나님께 입술로 드리는 제사이기 때문이다. 따라서 우리의 찬송도 이런 원리를 따라서 흠 없는 것이 되도록 해야 한다.

물론 우리가 완전히 흠 없는 찬송을 한다는 것은 불가능한 일이다. 그렇다고 아무렇게나 해도 된다는 말은 아니다. 구약의 제물들이나 제사장들도 그 자체로 완전한 것은 아니었다. 다만 하나님께서 정해주신 법칙을 충실히 따라 바치는 제물이 흠 없는 제물이라는 뜻이다. 한 구절만 예로 들자면 이런 것이다.

"눈먼 것이나 상한 것이나 지체에 베임을 당한 것이나 종기 있는 것이나 괴혈병 있는 것이나 비루먹은 것을 너희는 여호와께 드리지 말며 단 위에 화제로 여호와께 드리지 말라"(레 22:22)

하나님께서는 바쳐야 할 제물에 대해서 어떤 조건을 제시해 놓으셨다. 이런 조건을 성실하게 따라 선택한 제물을 흠 없다 할 수 있다. 하나님께 제물을 바치려고 하는 자들은 마땅히 하나님께서 정해주신 이와 같은 조건들을 최대한으로 갖춘 제물을 선택하여 바치려고 애써야 한다. 그것이 제물을 바치는 자들의 올바른 태도이다. 찬송도 마찬가지다.

3. 찬송이 갖춰야 할 요건

그렇다면 찬송은 어떻게 해야 흠이 없는 제물이라 할 수 있는가? 성경은 제물에 대해 규정해 놓은 것처럼 찬송이 어떠해야 하는지에 대해서도 가르쳐 주고 있다. 시편 33편의 말씀이 그 대표적인 구절이다. 레위기에서 제물로 바쳐질 동물들에 대한 조건을 말씀하신 것처럼 시편 33:1-3에서는 찬송은 어떻게 해야 하는가에 대해 중요한 몇 가지 원리를 말씀해 주셨다. '이러이러한 것이 찬송이다'라는 의미이다. 찬송의 제물은 최소한 여기서 말하는 요건들을 갖춘 것이어야 한다. 이런 요건들을 잘 구비하여 바치려고 하는 것이 우리의 의무이며 기쁨으로 드려지는 찬송의 제물이라 할 수 있다.

(1) "여호와 하나님께"

찬송의 제물이 성립되기 위해 제일 중요한 첫 번째 요건은 여호와 하나님께 드리는 제물이어야 한다는 사실이다. 1절 말씀이 그것을 지적하고 있다. 이 구절은 "너희 의인들아 여호와께 즐거운 소리로 노래하라"로 번역할 수 있다. 여호와께 드리는 것을 찬송이라 한다는 것이다. 찬송이라는 단어가 성경에서 사용될 때에는 이 단어의 전후에는 반드시 "하나님을", "하나님께", 또는 "여호와께", "여호와를" 등의 말이 있다. 찬송의 대상이 하나님밖에 없음을, 찬송을 받으시는 이는 오직 하나님 한 분뿐이심을 강조하는 말씀들이다. 우리가 참으로 위엄 있으시고 거룩하신 하나님께만 찬송을 드려야 할 의무가 있다는 사실을 알게 해 준다. 하나님께 바치는 것이 찬송이다. 너무 당연한 말이 아닌가 하고 이상하게 들릴지 모르겠지만, 가장 기본적인 일인데도 사람들이 쉽게 잊어버리는 요건이며 또한 그 깊은 뜻을 생각하지 않고 있는 부분이 있다. 우리들의 문제는 여기서부터 시작되는 것 같다. 그렇다면 하나님께 드린다는 것은 무슨 말인가?

마음

무엇보다도 먼저 우리의 마음을 하나님께 드려야 한다는 것이다. 사람의 교활한 재주 중 하나는 겉과 속이 다르게 행동할 수 있다는 점이다. 입으로는 노래 부르면서 마음은 얼마든지 다른 데 가 있을 수 있다. 음악에 취해 있기도 하고, 자신의 목소리에 심취되기도 하며, 아예 딴 생각으로만 채워질 수도 있다. 대학 시절 성가대 지휘하던 한 친구는 '나 우리 교회서 지휘하기 싫어'라고 푸념을 늘어놓으면서 그 이유를 물어보는 말에 '우리 목사님은 성가대 끝나고 나서 설교하기 전에 칭찬 한마디 안 해줘', 이렇게 대답하였다. 그 말은 찬송할 때 이 친구의 마음이 어디에 가 있었는지, 무엇을 기대하고 있었는지를 보여준다. 전적으로 여호와 하나님의 이름에 영광을 돌리는 데 가 있어야 할 마음이 사람의 칭송에 가 있었다고 할 수 있다. '내가 만든 이 음악적인 면에 대해 사람들에게서, 목사님에게서 칭찬을 받아야겠다'는 이런 마음이 어떤 다른 마음보다 앞섰던 것임을 짐작해 볼 수 있다. 그렇지 않았다면 좀 섭섭해도 그런 말은 하지 않았으리라. 물론 그때는 우리가 어렸을 때고, 교회 어른들로부터 찬송이란 그 마음부터 하나님을 향해야 한다는 사실을 제대로 배우지 못한 것도 있어서 그랬을 것이라고 위로해 보지만, 어쨌든 찬송한다고 하면서 마음이 하나님만을 목적으로 하지 않고 사람의 칭찬이나 음악적 즐거움, 그 외에 무엇이 되었든 다른 것에 가 있는 것은 찬송이라 할 수 없다. 음악적으로 아무리 훌륭하다 하더라도 마찬가지다. 찬송은 무엇보다 마음을 보실 수 있으시고, 그 마음을 중요하게 여기시는 하나님께 바치는 제물이다. 그러므로 찬송할 때 우리는 무엇보다 먼저 마음을 살펴야 한다. 마음이 먼저 하나님만을 향해 있는지, 하나님의 영광만이 목적인지를 스스로 확인해야 한다. 그것이 입술로 드리는 찬미의 제물이 흠 없게 되는 출발점이다.

하지만 마음의 문제를 확실히 한 후에도 할 일이 있다. 찬송은 마음만 바친다고 끝나는 문제가 아니다. 그 외의 다른 구성 요소들과 합쳐져야 비로소 완성된다. 그중에 가장 중요한 것은 그 찬송의 구체적 의미, 곧 가사이다.

가사
가사도 하나님을 향한 것이어야 찬송이 된다. 어떤 분들은

"찬송합시다." 이렇게 말해놓고 '너 시험을 당해 범죄치 말고 ……'를 부른다. 이 가사는 하나님을 향하는 것이 아닌, 주위에 있는 다른 성도들을 권면하고 위로하는 내용이다. 하나님을 향하여 드리는 제물이라고 보기에는 적절치 않은 가사임에 틀림없다. 하나님 앞에 제물을 드린다면서 이런 노래를 부른다면 그처럼 큰 죄는 없을 것이다. 하나님께 '너'라고 말할 수도 없을뿐더러 하나님은 시험에 들지도 않으시기 때문이다. 이런 가사는 하나님께 드리는 것이 아니다. 찬송하자고 해 놓고 이런 가사로 구성된 노래를 부르는 것은 마치 연인한테 프로포즈한다고 하면서 다른 사람에게 반지를 주며 노래 부르는 것과 같을 것이다.

찬송은 가사도 하나님께 드리는 것이어야 한다. 그 가사에 찬송 드리는 자가 하나님을 향한 경외와 감사의 마음을 담을 수 있어야 한다. 어떤 노래가 기독교의 분위기를 풍기며, 하나님과 예수님의 이름이 올려져 있다고 해서 그것이 다 찬송은 아니다. 물론 건전한 복음성가도 있고, 성도의 삶에 위로와 힘을 주는 노래도 많이 있다. 그런 곡을 불러선 안 된다는 말이 아니다. 단지 "찬송"은 오직 하나님을 향한다는 점에서 그 외의 다른 모든 음악과 구별되는 제물이어야 한다는 뜻이다. "찬송"이라고 할 때는 그 내용이 하나님께 드려지는 것이어야 한다. 그렇지 않으면 찬송이라 할 수 없다. 그저 어떤 종류의 노래이고 음악일 뿐이다. 하나님을 향하여 드린다는 점에서 찬송은 다른 모든 노래들과 구별되며 특별하다. 세상에 존재하는 그 어떤 노래와도 비교할 수 없이 영광스러운 것이다. 그렇기에 더욱 모든 주의를 기울여 흠 없는 것이 되도록 힘써야 한다. 혹자는 시편의 '저주시'에 해당되는 내용도 찬송하지 않느냐며 내용이 하나님을 향하지 않아도 되는 것처럼 말하는 이도 있다. 하지만 하나님의 영감으로 기록된 성경말씀을 가사로 사용하는 것은 다른 문제이다. 모든 말씀이 다 마찬가지지만 시편도 표면적이고 문자적으로 보이는 내용 이상의 깊은 의미를 품고 있다. 얼핏 봐서 잘 드러나지 않는 하나님의 깊은 지혜와 섭리도 배어 있다. 따라서 이 시편을 찬송의 제물로 삼기 위해서는 각 구절들이 어떤 의미에서 찬송이 되는지를 알 수 있도록 그 의미를 더욱 깊이 살피려는 겸손하고 신중한 자세가 필요하다. 입으로 부르는 노래만이 찬송이 아님을 시편에서 말씀하고 있다. 주님의 말씀을 배우고 깊이 연구하는 것도 찬송의 일부다(시 111:1-2). 오히려 거기서부터 찬송이 시작된다.

곡조

곡조도 구별해야 된다. 하나님께 드린다는 목적에 맞게끔 경건성을 드러내는 곡조도 있고, 단지 사람들 스스로의 즐거움과 감정을 위한 곡조도 있기 때문이다. 행진곡에 필요한 씩씩하고 절도 있는 곡조가 있고 몸을 움직이게 하는 흥겨운 춤곡이 있으며 슬픔과 엄숙함을 담아내야 하는 조곡이 있다. 마찬가지로 하나님께 드리기에 알맞게 신중히 만든 곡이 따로 있다. 사람의 감정을 움직이기 위한 곡은 찬송에 부적절하다. 이런 것들을 잘 구별해서 드려야 한다.

음악과 관련된 이 점에 대해서는 2부에서 좀 더 자세히 살펴보겠지만 분명한 사실은 우리는 찬송부를 때 마음 중심을 살피고 가사와 음률을 살펴서 그 모든 것을 하나님께 드리기에 적당하다 싶은 것으로 드리도록 해야 한다는 점이다.

현대인들은 다양한 종류의 음악에 노출되어 있다. 그리스도인들도 예외는 아니다. 미디어의 발달은 죄악된 성향을 띤 음악까지 그리스도인들의 삶에 깊숙이 파고들게 했다. 쏟아지는 비를 피할 수 없는 것처럼 온갖 종류의 음악적 영향력에서 벗어날 수 없는 현실이다. 정서적 취향이 세속음악의 음률을 즐거워하는 경향으로 다분히 기울어져 있다. 물론 그리스도인들도 여러 종류의 음악을 가까이하고 즐길 수 있을 것이다. 마치 사람들이 취미생활을 즐기는 것과 같다. 운동을 예로 들면, 사람들은 여러 종목의 운동 중에서 각자의 취향이나 필요에 따라 어떤 특정한 종목을 즐겨 행한다. 그런 데서 종교적인 형식을 찾지 않는다. 죄가 되지 않는 차원에서 여러 가지 취미생활을 누릴 수 있다. 그렇다고 그것을 예배의 본질적 요소로 삼자고 하지는 않는다. 여러 사람이 즐겨 행하는 것이니 예배 시간에 이걸 해야 한다고 주장할 수 없다. 교회가 취미생활의 연장선이 될 수는 없는 노릇이다. 음악도 마찬가지이다. 그리스도인들도 꼭 기독교의 정신을 담은 것이 아니더라도 세상에 존재하는 여러 종류의 음악을 즐길 수 있다. 개인적 취향에 해당하는 것이다. 그렇지만 그들이 즐기는 음악이 곧 찬송에 합당한 음악이라 할 수는 없다. 찬송하는 자들은 음악을 선택하는 일에서도 신중해야 한다. 나의 취향과 즐거움이 아니라 하나님을 높이고 하나님의 영광을 드러내고 하나님이 받으시기에 합당한 음률인지를 경외함을 가지고 살펴야 한다. 구약 백성들이 자기가 소유한 양이나 소들 중에서 제물로 드리기에 합당한 하나를 신중하게 고르는 것처럼, 그리스도인은 세상에 존재하는 많은 음악 형식 중에서 어떤 음률로 찬송의 제물을 담을 것인지를 고민하고, 그런 제물을 담기에 적합하다고 여겨지는 것을 선택하여 드려야 한다. 경건한 조상들은 어떤 음률을 택하였는지를 살피고, 또 세상에 존재하는 음악이 어떤 역사를 거쳐 왔으며, 시대마다 그런 형식을 갖게 되는 데는 어떤 의미가 있었는지, 그런 점에서 지금 이 시대의 음악이나 내가 즐겨 찾는 음악은 어떤 정신을 담고 있는지를 파악하려고 노력하는 것이 그 일에 해당된다. 신중하게 그런 과정을 거쳐 하나님께 드리기에 가장 합당한 음률이라 여겨지는 것으로 찬송의 제물을 삼아야 한다.

찬송은 내 마음과 그 찬송의 가사와 음률이 모두 하나님께 드려지는 것이 아니면 헛되이 부르는 것이다. 찬송은 그와 같이 모든 면에서 제사처럼 하나님을 향해야 한다는 것, 이것이 첫 번째 요건이다.

(2) "새 노래"

두 번째 요건은 "새 노래로 하라"는 것이다. 새 노래로 노래하라는 말은 노래를 계속 새로 만들어서 부르라는 이야기는 아니다. 만약 그런 뜻이라면 우리는 찬송을 부를 때마다 새롭게 곡을 만들어 불러야 할 것인데 그럴 수 없을뿐더러 이 말씀은 그런 뜻이 아니다. 여기서의 새 노래란 "이스라엘 민족만이 아닌 온 세상 모든 민족이 부르는, 예수 그리스도와 깊은 관계가 있는 찬송"이라 말할 수 있다. 그런 점은 성경에서 '새 노래'라는 말이 나올 때마다 이방인들의 구원을 얘기하고 있다는 사실에서 확인된다.

성경에는 '새 노래'라는 말이 나올 때마다 '온 땅'이나 '열방', '이방인들', '세상'을 구원하시는 하나님을 찬송하라고 얘기하고 있다. '새 노래'라는 말이 나와 있는 구절들의 전후를 살펴보면 이러한 사실들을 확인할 수 있다. 당장 여기 시편 33편만 해도 5절, 8절, 10절, 14절에 그런 단어들이 나와 있다. 또 '새 노래'라는 말이 나와 있는 96편이나 98편, 그리고 이사야 42장 등에서도 동일하게 나타나 있다.

유대인들은 자신들만이 하나님의 백성인 줄 믿고 있었다. 한때는 그랬다. 하나님이 이스라엘의 하나님으로만 불려질 때가 있었다. 그런데 이방인들도 하나님의 백성이 되는 날이 왔다. 이제는 하나님이 이스라엘의 하나님만 되는 것이 아니고 온 세계 모든 민족의 하나님이 되신 것이다. 그래서 세상 모든 민족 중에서 구원받은 자들이 구원을 베푸신 하나님을 노래하는 것이 '새 노래'이다. 시편 33편은 장차 되어질 그 복된 일을 내다보고 그 일을 이루신 하나님을 찬송할 것을 촉구하는 내용이다.

그런데 왜 예수 그리스도가 이 새 노래의 중심내용이 되는가? 그 일이 오직 예수 그리스도께서 십자가에 못 박히심으로만 이루어졌기 때문이다.

"그는 우리의 화평이신지라 둘로 하나를 만드사 중간에 막힌 담을 허시고 원수된 것 곧 의문에 속한 계명의 율법을 자기 육체로 폐하셨으니"(엡 2:14-15)

예수 그리스도께서 십자가에 못 박히심으로 온 세상 모든 민족이 하나님의 백성으로 불리게 됐으며, 유대인과 이방인의 장벽이 허물어졌다. 십자가를 지신 예수님 때문에 온 세상 모든 민족 가운데서 하나님의 백성이 생기게 되었다. 교회가 바로 그들이다. 그래서 그 일을 가능케 하신 예수 그리스도께서 새 노래의 중심내용이 된다. 요한계시록 5:9-14은 이와 같은 새 노래의 내용을 여실히 보여주고 있다.

"새 노래를 노래하여 가로되 책을 가지시고 그 인봉을 떼기에 합당하시도다 일찍 죽임을 당하사 각 족속과 방언과 백성과 나라 가운데서 사람들을 피로 사서 하나님께 드리시고 저희로 우리 하나님 앞에서 나라와 제사장을 삼으셨으니 저희가 땅에서 왕노릇하리로다 하더라

내가 또 보고 들으매 보좌와 생물들과 장로들을 둘러 선 많은 천사의 음성이 있으니 그 수가 만만이요 천천이라 큰 음성으로 가로되 죽임을 당하신 어린 양이 능력과 부와 지혜와 힘과 존귀와 영광과 찬송을 받으시기에 합당하도다 하더라

내가 또 들으니 하늘 위에와 땅 위에와 땅 아래와 바다 위에와 또 그 가운데 모든 만물이 가로되 보좌에 앉으신 이와 어린 양에게 찬송과 존귀와 영광과 능력을 세세토록 돌릴찌어다 하니 네 생물이 가로되 아멘 하고 장로들은 엎드려 경배하더라"

　　새 노래로 노래하라는 것은 온 세상 모든 민족들 중에서 주의 백성이 된 신자들 모두가 주 예수 그리스도와 그의 구속하심을 노래하라는 뜻이다. 물론 성부 하나님과 성자 하나님, 그리고 하나님이 행하신 크신 일들과 소유하고 계신 모든 성품이 찬송의

내용이 될 수 있지만 무엇보다 인간이 되시어 이 땅에 오신 하나님, 모든 민족을 그의 대속의 피로 구원하신 우리 주 예수 그리스도께 영광을 돌리며, 그 이름을 높여 부르는 노래가 찬송의 중심이다. 십자가와 부활을 통해 구원의 은혜와 대속하신 사랑을 보여주신 예수님이 찬송의 중심 중 중심이 되어야 한다. 이방인들까지 구원하시려는 성부 하나님의 뜻을 받들어 죽기까지 순종하시어 그 일을 이루어내신 예수 그리스도를 묵상하고 그의 모든 속성을 기억하며 그를 하나님으로 높여 부르는 것처럼 훌륭한 찬송은 없다.

(3) "즐거운 소리"

세 번째는 "즐거운 소리로" 해야 한다고 한다. "즐거운 소리"는 원래 '기쁨이나 전쟁을 알리는 나팔소리'라는 뜻이다. '하나님께 큰 기쁨으로 찬양드리는 것'을 의미한다. 단지 일반적인 의미에서 발랄하고 즐거운 목소리로 노래하라는 말이 아니고 무엇을 즐거워하는지, 무엇때문에 즐거워서 찬송하는지를 알고 노래하라는 말이다. 사람들은 여러 가지 이유로 즐거워하고, 그 즐거움이 커지면 노래를 한다. 그럴 때 부르는 음악들이 많이 있다. 그런 종류의 음악은 온 세상에 널려 있다. 그러나 그게 다 찬송이 될 수는 없다. 그리스도인이 가장 중요하게 여기는 즐거움의 본질은 그들의 것과 차이가 나기 때문이다.

그렇다면 여기 시편에서 말하는 즐거운 소리는 무엇을 즐거워하는 소리인가? 성도는 과연 무엇을 즐거워하는 사람인가? 그 사실은 1절에 나타나 있다.

시편 33편은 "너희 의인들아"라는 말로 시작하는데, 이 말씀이 이 자리에 있다는 사실은 경탄을 금치 못할 만큼 적절하다 하겠다. 시편도 다른 성경과 마찬가지로 흐름이 있는 한 권의 책으로 읽어야 한다. 그 내용들을 성령의 감동으로 온전케 하신 하나님은 그 순서도 마찬가지로 성령의 감동으로 배열하셨다. 그래서 각 편을 따로따로 볼 때는 간과하고 지나갈 수 있는 사실도 흐름을 따라가다 보면 더욱 풍성한 깨달음을 얻을 수 있게 된다. 물론 각 시편 하나하나가 진주처럼 빛나는 보석이지만 그 보석을 하나로 연결해 목걸이를 만들면 훨씬 더 가치 있는 것이 되듯이 시편도 그렇게 보려고 해야 한다. 1절 말씀이 32편 마지막 절을 그대로 이어받은 것도 그런 의미이다. 32편 마지막 절인 **"너희 의인들아 여호와를 기뻐하며 즐거워할지어다 마음이 정직한 너희들아 다 즐거**

이 외칠지어다"**라는 말씀을 33:1이 그대로 반복하고 있다. 이는 이 두 시편이 서로 긴밀한 관계로 연결되어 있음을 알려 준다. 이 같은 사실은 33편을 제대로 이해하기 위해서는 32편을 먼저 살펴야 하고, 또 이 두 시편을 독립적으로 따로 보기보다 연결해서 살펴볼 때 더 깊고 진정한 의미를 발견할 수 있음을 알게 해 준다.

여기 보면 "마음이 정직한" 자들을 "의인들"이라고 부르고 있다. 일반적으로 '정직하다'는 말은 거짓말 안 하고 착하게 사는 자들을 가리키고, 이 구절은 그런 자들을 의인들이라고 하는 것 같지만 자세히 살펴보면 그런 의미가 아니다.

시편에는 내용이 진행되면서 "의인"에 대한 정의가 몇 차례 바뀌는 중요한 지점이 있는데, 32,33편도 그 중 하나이다. 먼저 1편에서는 의인을 **"복 있는 사람은 악인의 꾀를 좇지 아니하며 죄인의 길에 서지 아니하며 오만한 자의 자리에 앉지 아니하고 오직 여호와의 율법을 즐거워하여 그 율법을 주야로 묵상하는 자로다"**(시 1:1-2)라고 했다. 5절에서는 그런 자만이 **"의인의 회중에 들리라"**고 함으로써, 율법을 묵상하고 즐거워하고 철저히 순종하는 자만이 의인으로 불릴 수 있다는 사실을 함축하고 있다. 성경을 즐겨 보는 사람이 복 있는 의인이라는 뜻이 아니고 율법을 지키는 일에 완전한 사람만

의인이라고 불릴 수 있고, 그런 사람만 하나님 나라에 들어갈 수 있다는 원칙을 얘기하는 것이다. 이 원칙은 하나님 나라를 통치하는 일종의 헌법과 같다. 이 원칙에 따르면 의인이라 불릴 수 있는 사람이 아무도 없다.

그래서 14편에 가면 **"여호와께서 하늘에서 인생을 굽어 살피사 지각이 있어 하나님을 찾는 자가 있는가 보려 하신즉 다 치우쳤으며 함께 더러운 자가 되고 선을 행하는 자가 없으니 하나도 없도다"**(시 14:2-3)라고 선언하고 있다. 율법을 묵상하고 지키는 원칙으로 따지면 하나님 나라에 백성으로 들어갈 만한 인간이 하나도 없다는 뜻이다. 사도 바울은 로마서 3장에서 이 구절을 인용하면서 성경이 유대인이나 헬라인을 가리지 않고 온 세상 모든 인간들 중에 **"의인은 없나니 하나도 없다"**(롬 3:10)고 말했다는 사실을 확인하고 있다. 율법을 지키는 차원에서 보자면 의인은 한 명도 없다는 것이다.

그런데 여기 32편에 와서는 다시 "너희 의인들아"라고 말한다. 그리고 그들을 다른 말로 "정직한 자들"이라고 묘사한다. 왜 정직한 자가 의인이 되었는가?

여기엔 이런 뜻이 있다. 사실 2편부터 31편 사이에는 메시아의 고난과 죽음, 부활과 그의 기도를 예표하는 내용들로 가득 채

워져 있다. 개인적으로 차근차근 묵상해보기를 권한다. 32편은 그 점을 바탕으로 죄인을 의롭게 하시는 방식을 얘기하는 것이다. 하나님 나라에서 어떤 사람을 의인으로 인정해 주시는가를 정의하고 있다. 요점은, 아무리 악한 죄인이라도, 정직하게 자기가 죄인임을 고백할 때 하나님께서 메시아의 죽음과 부활을 근거로 다 용서해 주심으로써 그들이 의인이 된다는 뜻이다.

그래서 1,2절에 보면 **"허물의 사함을 얻고 그 죄의 가리움을 받은 자는 복이 있도다 마음에 간사가 없고 여호와께 정죄를 당치 않은 자는 복이 있도다"**라고 되어 있고, 5절에는 **"내가 이르기를 내 허물을 여호와께 자복하리라 하고 주께 내 죄를 아뢰고 내 죄악을 숨기지 아니하였더니 곧 주께서 내 죄의 악을 사하셨나이다"**라고 되어 있다. 자기 마음과 행동의 죄를 숨기지 않고 하나님께 고백하니까 하나님이 죄를 사해주셨다는 말이다. 이런 사람을 가리켜 11절에서 "정직한 자"요, 또 "의인"이라 부르고 있다. 스스로 행한 일을 율법에 비추어 보자면 죄인이요 악인일 수밖에 없지만, 자신의 죄를 숨기지 않고 하나님 앞에 솔직히 있는 그대로 인정하고 고백하면, 즉 정직한 자가 되면, 하나님은 십자가에 못 박혀 죽으신 메시아를 속죄제물로 받으시고, 그들을 의인이라 불러주는 복을 주신다는 것이다.

　메시아의 죽음과 부활을 통하여 회개한 자들에게 주어지는 혜택이 그토록 놀라운 것이라는 의미에서 32편 11절은 그 일을 계획하시고 시행하여 이루신 여호와 하나님을 기뻐하며 즐거워하라고 명하고 있다. 33편은 바로 그런 의미를 이어 받아, 그럴 때 찬송을 어떻게 해야 하는지, 그렇게 찬송해야 하는 자들이 어떻게 온 세상 모든 민족의 이방인들까지 포함되어야 하는지를 구체적으로 설명하는 시이다.

　"즐거운 소리"는 바로 이와 같은 내용이 자기에게 기쁨과 감사가 되는 줄 아는 마음을 의미하는 것이다. 그저 하나님께 정직하게 자기 죄를 인정하고 고백했다는 것만으로 자기가 도저히 가질 수 없었던 의인이라는 이름을 가질 수 있게 해 주신 하나님의 은혜를 기뻐하는 마음이다.

　사람들이 기뻐하고 즐거워할 만한 것들이 이 세상에는 얼마나 많은가? 그러나 그 기쁨과 즐거움이 무엇이든, 그 모든 것들보다 나를 의인으로 불려지게 하신 그 사실을 가장 놀랍고 즐거운 사실로 알아 하나님께 내는 마음의 목소리가 바로 "즐거운 소리"이다. 그런 의미에서 찬송은 "정직한 자라면 마땅히 해야 할 일"

이라고 하는 것이다. "마땅히 해야 할 일"이라는 말은 "아름답다, 어울린다"는 의미로서 찬송을 드리는 것이 의인된 자들에게 어울리는 일, 아름다운 일이라는 말이다. 자기가 율법을 지켜서가 아니다. 멸망 당할 악인과 똑같이 율법을 어겼고 지금도 어기고 있음에도 불구하고 회개한 나를 하나님이 메시아의 죽음을 대가로 삼아 용서하시고 죄 없는 사람처럼 여겨주셨기 때문이다. 누가 의인이 되었다면 그것은 오직 정직한 자를 의롭다 하신 하나님의 은혜 때문이다. "즐거운 소리"란 그 구원의 은혜를 기뻐하는 마음이다. 찬송은 그저 부르기 좋은 음악이 아니라 이 감사가 담겨져 있는 제물이어야 한다.

    이 즐거움이 없이 다른 이유로 교회에서 음악을 하는 사람들도 많이 있다. 앞에서도 잠깐 밝혔듯이 음악이 즐거워서나, 혹은 그 외에 다른 목적이 있어서 교회음악을 할 수도 있다. 하지만 교회 안에서는 음악만 잘 하는 것은 아무 쓸데없을 뿐만 아니라 이 죄사함의 기쁨과 감사함이 없는 다른 목적으로 음악활동을 하는 것은 하나님께서 가증히 여기시는 일 중의 하나이다.

"그들이 연회에는 수금과 비파와 소고와 피리와 포도주를 갖추었어도 여호와께서 행하시는 일에 관심을 두지 아니하며 그의 손으로 하신 일을 보지 아니하는도다"(사 5:12)

"너희가 내게 번제나 소제를 드릴찌라도 내가 받지 아니할 것이요 너희 살진 희생의 화목제도 내가 돌아보지 아니하리라 네 노래 소리를 내 앞에서 그칠찌어다 네 비파 소리도 내가 듣지 아니하리라"(암 5:22-23)

교회에서 찬송이라고 불려지는 것들 중에 하나님이 듣고 싶지 않은 것들도 있다는 말이다. 제물을 아무리 많이 드려도, 사람들이 아무리 많은 악기와 아름다운 목소리로 노래하여도 하나님은 무엇이 진짜 찬송이고, 누가 진짜 제사장인지 아신다. 인간적인 즐거움만 가지고 자기 생각대로만 찬송한다면 그것은 단지 교회마당만 밟는 꼴이 되는, 하나님과 아무런 상관없는 종교놀음이 되고 만다. 그런 점에서 모든 성도는 제물을 드리는 일을 신중히 해야 할 필요성이 있다. 찬송하는 일은 특권만 있는 것이 아니라 책임도 막중하다. 노래만 잘하는 찬양단은 없는 게 백 번 낫다. 교회는 하나님께서 받으시기에 합당하다고 여겨지는 찬송을 신중하게 판단해서 드려야 한다. 그리고 그 찬송에는 이런 "즐거운 소리"가 반드시 포함되어 있어야 한다.

(4) "공교히 연주하라"

개역개정역에는 '아름답게'라고 번역되어 있으나 오히려 '공교히'라는 말이 더 적절하다. 여기서 '공교히'라는 말은 '어떤 일을 잘 하다'라는 뜻이다. '능숙하게', '숙련되게' 하라는 것이다. 찬송은 음악이기 때문에 예술적인 면에서 숙련되게 하라는 뜻으로 알면 되겠으나, 이 또한 단순히 음악적인 기술 측면에서만 하는 말이 아니다. 보다 중요한 요점이 있다.

음악은 어디에 쓰이는가에 따라서 기술적인 요구가 달라진다. 세상음악과 찬송은 기술적인 면에 있어서 그 요구내용이 다르다. 각각 그 표현하고자 하는 내용이 다르기 때문이다. 가령 슬픔과 기쁨, 장엄과 초라함, 불안과 평안함, 경건과 연애 등은 그 음악적 표현이 절대 같을 수 없고 같아서도 안 된다. 그래서 능숙하고 숙련되게 잘한다는 의미도 음악 사용자의 필요에 따라 달라지게 되어 있다.

그러면 찬송에 있어서 요구되는 기술적인 내용은 무엇인가? 그 점에 대하여 설명해 놓은 구절로 시편 96:9절을 들 수 있다.

"아름답고 거룩한 것으로 여호와께 경배할찌어다 온 땅이여 그 앞에서 떨찌어다"

　시편 96편도 **"새 노래로 여호와께 노래하라"**는 말씀으로 시작하여 온 세상 모든 민족이 여호와 하나님의 구원하심을 즐거워하며 찬송할 것을 명하는 내용으로 이루어져 있다. 그와 같은 내용이 진행되는 가운데 이러한 말씀이 포함되어 있다. 우리의 마음을 기울여 하나님께 드릴 찬송은 "아름다움"과 "거룩한" 요소가 있어야 한다는 것이다. 그 두 가지가 조화롭게 겸비되어 있을 때 찬송을 잘한다고 할 수 있다.

　'아름답다'는 말은 그저 듣기에 좋은 것이라는 뜻이 아니다. 사람은 타락했기 때문에 아름답다고 하는 기준도 다 다르다. 외모만 중요시하는 사람과 마음을 중요시하는 사람이 똑같이 아름답다고 말해도 그 의미가 서로 같을 수 없듯이, 육체의 귀만 즐겁게 하려는 사람과 찬송으로 하나님을 높이려는 사람이 아름답다고 하는 것은 다를 수밖에 없다. 더구나 여기서 "아름답다"로 번역된 히브리어는 개역개정역에서 "아름답게"(시 33:3)라고 번역한 말과 다른 단어이다. 왕의 위엄에 어울리는 '영광'이나 '장식', 혹은 '예복' 등으로 번역되는 말이다(대하 20:21, 시 29:2, 잠 14:28). 8절에서 **"여호와의 이름에 합당한 영광을 그에게 돌릴찌어다"**라고 밝힌 것과 같은 의미이다. 시편 기자는 왕 되신 여호와 하나님의 이름에 어울린다고 여겨지는 찬송의 예물을 가리켜 아름답다고 말하고 있다.

또 거룩함도 갖춰야 한다고 한다. '거룩한 아름다움'이다. "거룩하다"는 말의 기본적인 의미가 '구별되다, 분리되다'는 뜻인 것처럼 찬송은 세상과 구별되는, 세속적인 것과 분리되는 것이어야 하리라는 뜻이다.

이 두 가지 기준을 동시에 충실히 만족시키려고 애쓰며 숙련되게 하는 것이 찬송의 또 다른 요소이다. 아름답기도 하고 거룩하기도 한 음악을 찾아서, 우리 왕되신 여호와 하나님의 성품과 능력과 사랑과 구원에 합당하다고 느껴지는 그런 것으로 드려야 하는 것이다. 아름답기만 해서도 안 된다. 거룩함만 추구하는 것으로도 부족하다. 찬송은 이 두 가지 요소를 동시에 만족시켜야 할 것을 요구하고 있다. 아름다움과 거룩함이 조화와 균형을 이루어 최상의 제물이 되도록 하려는 것이 찬송을 맡은 자들의 임무이다. 하나님은 어떤 분이신가를 생각하고 그에 합당하다 싶은 최선의 음악, 그러면서도 세속과 구별되는 음악, 즉 아름답고 거룩한 소리를 찾아 그것을 두려우신 하나님 앞에 드리라는 것이다. 그것이 '공교히'라는 말의 의미이다. 성경에서 말씀하시는 찬송이 이런 것이니 세상이 친숙함을 느끼는 교회가 되게 하자는 명분으로 첨단을 달리는 세속음악을 차용해서 교회음악을 장려하는 일련의 모습들은 찬송의 본질을 해칠 수 있는 원리임을 알고 주의해야 할 것이다.

벌써 오래전 일로 기억한다(1997년). 그 해가 저물어가던 어느 날 저녁에 기독교방송을 듣고 있었는데, 여러 지역의 학생들이 나와서 장기자랑을 펼치는 프로그램이었다. 어떤 학생들은 복음성가를 자기들이 편곡했다면서 당시에 크게 유행했던 랩 형식으로 부르고 있었다. 가사는 중간에 가끔씩 나오는 '오, 예!' 같은 추임새 말고는 잘 알아들을 수 없었다. 당시로서는 그것만 해도 충분히 놀랄만한 일이었는데, 끝나고 나서 사회자는 이런 말을 하였다.

'라디오라 댄스를 못 보신 분들은 참 안타깝군요!'

그 프로그램이 밤 12시에 끝나는 것이었는데 이 말도 덧붙였다.

'저희들은 이 방송 끝나는 대로 방송국 앞 공원에서 춤의 향연을 벌이도록 하겠습니다.'

아이들에게 온전한 찬송을 기대할 수는 없었겠지만, 어쨌든 그와 같은 시도는 '공교히'라는 원칙을 무시한 채 가장 세속적인 형식을 교회음악에 차용하는 일이라 할 수 있다. 안타까운 일은 '공교히'라는 말씀과 상반되는 원칙으로 만들어진 그와 같은 음악이 청소년들 사이에서는 별다른 고민 없이 '찬송'과 같은 의미로 인정되고 받아들여지고 있다는 점이다.

우리 시대에 찬송이라 불리는 것에 대해서는 생각해 볼 것이 많다. 찬송을 '공교히' 연주하라는 말씀은 세상의 음악 형식이나 기술적인 면을 능숙하게 잘 해내라는 말이 아니다. 사람들이 개인적으로는 여러 쟝르의 음악을 좋아할 수 있다. 그런 면에서 어떤 자들은 찬송을 세상 사람들이 친숙함을 느낄 수 있도록 만들고 불러야 한다거나, 혹은 어린 학생들이 좋아하는 음악으로 만들어줘야 한다는 논리를 펼치기도 하는데 그런 생각은 상당히 위험한 것이다. 세속적인 면이 교회에 한 번 발을 들여 놓으면 시간이 가면 갈수록 더욱 확산되어 갈 것이 분명하고, 무엇보다 찬송은 하나님께 드리는 제물이어야 한다는 원칙에 위배되기 때문이다. 아이들이나 또는 많은 사람들이 원하는 제물이 아니라 하나님이 말씀하신 제물을 드리는 것이 당연하다. 우리는 말씀을 따라야 하는 자들이다. 사람들이 좋아하는 것이라 해서 예배시간에 아무 음악이나 마음대로 사용할 수 있는 것이 아니다. 찬송은 하나님께 드리는 제사에 쓰일 제물이기 때문이다. 찬송은 하나님이 받으시는 제물이라는 생각으로 모두의 마음을 합하여 드리는 것이다. 찬송할 때에는 음악을 신중하게 분별해서 아름답기도 하고 거룩하기도 한 것을 드려야겠다는 마음을 가져야 한다. 자기 흥에 겨운 것으로 찬송을 삼아서는 안 되고, 또 사람을 감동시키려는 의도를 가지고 해서도 안 된다. 하나님께 바치기에 합당한 것을 떨며 즐거워하는 자세로 드려야 한다(시 96:9-12). 찬송사역은 제사장 사역만큼이나 신중하게 해야 하는 일이다. 계시의 말씀에 대한 신중함 못지않게 찬송에 대해서도 신중해야 한다. 단순히 음악에서 받을 수 있는 감동과, 참된 찬송으로 인한 은혜를 구분하여 하나님께 바쳐야 한다. 감정충만이 곧 성령충만은 아니다.

노래 위의 노래

대체로 이 네 가지가 찬송이라는 제물을 규정짓는 기본적이고 핵심적인 요소들이다. 신앙의 연륜이 깊어갈수록 이 찬송에 대해서도 더욱 깊어가겠지만, 찬송은 최소한 이런 요소를 갖추려 해야 하고, 이런 점에서 흠 없는 상태가 되도록 애써야 마땅하다. 어떻게 해도 그 자체가 완전하다고 말할 수는 없다. 그렇다고 적당히 해도 되는 것은 아니다. 우리의 목표는 오직 성경이 가르치시는 찬송의 의미를 절대적 기준으로 삼아 거기에 맞는 제물을 바치는 것이어야 한다.

찬송은 노래 위의 노래이다. 세상에 수많은 종류의 음악이 존재하지만 이 찬송에 비할 수 있는 다른 노래는 없다. 세상에 존재하는 모든 음악들 중에서 유일하게 영원중에 계신 여호와 하나님을 향하여 부르는 성도의 예물이기 때문이다. 세상 모든 음악은 사람을 즐겁게 하고 만족시키는 데 목적이 있지만, 찬송은 여호와 하나님께 드리는 목적 외에 다른 목적이 있지 않다. 앞에서도 밝혔지만, 그리스도인들이 이에 해당되지 않는 모든 음악을 버려야 한다거나 전혀 가까이하지 않아야 된다는 뜻은 아니다. 그리스도인들도 보편적이고 상식적인 의미에서 다양한 음악을 개인적으로는 좋아할 수 있다. 보편적이고 상식적이라는 말은 음악 자체가 노골적으로 반기독교적이라든가, 뚜렷하게 죄와 세속을 찬양하는 그런 음악을 분별해야 한다는 뜻이다. 그리스도인들은 그런 점을 주의하면서 음악을 다양하게 즐겨 취할 수 있다. 제물로 바쳐지는 동물 외에 집에서 다른 많은 동물을 키울 수 있듯이 음악도 찬송과 구별되는 장르의 음악을 개인적으로는 얼마든지 들을 수 있다. 본인의 취향, 상황에 따라 서로 달라질 수 있는 부분이다.

그러나 그런 일이 가능하다 해도, 그것을 다 찬송으로 가져다 쓴다는 생각은 옳지 않다. 모든 짐승이 다 제물로 드려질 수 있는 것이 아니듯이 찬송도 마찬가지이다. 세상에 존재하는 모든 음악 형식이 하나님을 찬송하는 '찬미의 제사'가 될 수 없다. '내가 좋아하는 것으로 찬송을 하자'는 생각은 금해야 마땅하다. 개인적 취향으로 즐기는 보편적 음악이 모두 하나님께 드리는 제물이 될 수 없다. 찬송은 하나님께 드리는 거룩한 제물이기 때문이다. 찬송은 이와 같은 원리를 따라 신중하게 구별하는 수고를 해서 드려야 한다. 교회는, 교회만이 할 수 있고 교회가 해야 하는 음악을 절대 놓쳐서는 안 될 것이다.

노래 위의 노래

2장

찬송에 합당한
음악을 위한 음악사의 고찰

2장
찬송에 합당한 음악을 위한 음악사의 고찰

    1부에서 성경은 찬송에 대해 어떻게 말씀하시는가를 살펴보았다. 2부에서는 그와 관련해서 찬송에 사용되는 음악에 대해 생각해보고자 한다. 찬미의 제사를 하나님께 올려드림에 있어서 비교적 명백히 구분할 수 있는 가사와는 달리, 문자적으로 정의되지 않는 음악은 어떤 음악을 사용해야 할지, 어떤 음악이 하나님께 드리기에 합당할 것인지를 결정하기가 쉽지 않다. 음악적인 면에 대해서는 다분히 개인의 정서나 취향에 의존하고 있기 때문이다.

    세상은 누가 무슨 음악을 좋아하든 그 사람의 취향이라고 여길 뿐 누구도 다른 사람의 취향에 대해서 간섭하거나 정죄하지 않는다. 취향은 절대적으로 개인의 권한이라는 생각이 은연중에 모든 사람에게 자리 잡고 있다. 특히 현대는 전통적으로 '아름다움'이라고 말해왔던 것 자체를 거부하고, 오히려 그 아름다움을 욕보이는 것을 자신들의 예술활동의 목적으로 삼는 자들이 활보하는 시대이다. 예술 철학자이자 전위예술의 옹호자이며 세계적인 현대예술 비평가로 알려져 있는 <아서 단토>(Arthur C. Danto 1924-2013)는 제목부터 심상찮은 그의 마지막 저서인 "미를 욕보이다"(The Abuse of Beauty)를 통해 그 점을 잘 드러내고 있다. "이제는 그 누구도 무엇이 예술작품인지 아닌지를 말하지 못한다 …. 전통의 기준이 더 이상 적용되지 않고 있음을 의미한다."[1] 전통적으로 아름답다고 여겨왔던 것들이 다음 세대에서는 철저히 부인되는 현실을 간파한 정의이다. 오히려 기존의 아름다움을 거부하는 것을 최고의 가치로 삼는 지경이다. 비단 예술만이 아니라 문학, 문화 등 사회 전반적인 분야에서 전통을 탈피하는 것을 사명으로 삼고, 그 일을 제대로 해내지 못했을 때는 소임을 다하지 않은 것처럼 평가한다.

    이러한 일은 단지 시대적인 변천만이 아니라 개인적인 취향

---

1)   Arthur C. Danto, 미를 욕보이다, 김한영 옮김 (서울 : 바다출판사, 2017), p. 61.

과도 관련되어 있다. 누구에게는 아름다움으로 정의되는 것을 다른 이는 추하게 보기도 한다. 누구에게는 평범하게 보이는 것이 다른 이에게는 특별하게 보이기도 한다. 그리고 현대인들은 그와 같은 자의적 판단에 대해 누구도 간섭할 수 없다고 생각하는 데 동의한다. 자기의 판단도 남의 판단에 의해 침해당하지 않을 권한이 있고, 남의 판단도 내가 왈가왈부할 수 없다. 그렇게 해서 각자 좋아하는 것을 취하면 된다는 주장이 현재 온 세상을 사로잡고 있는 삶과 예술 활동의 기반이다. 다른 사람에게 심각한 손해만 끼치지 않는다면 존재하는 모든 것이 다 가치 있고, 사람들은 각자의 취향에 따라 어떤 것이든 즐길 권리가 있다는 것이다. 세상은 그와 같은 권한을 누구에게도 방해받지 않을 권리라며 적극 옹호한다.

하지만 세상 사람들이 모르거나 혹은 인정하지 않는 사실은, 아담의 타락 이후 사람의 본성 또한 부패하여져서 얼마든지 죄악된 것을 좋아할 수 있다는 점이다. 물론 세상은 죄 자체를 성경과 다른 의미로 이해하기 때문에 그들로서는 전혀 이상한 일이 아닐 것이며, 따라서 자기 취향에 대하여 스스로 내린 결정에 대해 어떤 부담감도 갖지 않을 것이다. 그러나 우리 기독교의 입장은 다르다. 그러한 자기 취향에 결정권을 부여하게 되면 죄 때문에 일그러지고 왜곡된 본성을 따라 악한 것도 아무런 죄의식 없이 얼마든지 좋아할 수 있다고 여긴다. 다른 조건은 따져볼 필요 없이 각자의 취향만 만족시키면 되기 때문이다. 세상 사람들은 자신의 취향 자체에 대해 의문을 갖고 살피려고 하지 않는다. 그저 내가 좋아하고, 누군가를 만족하게 한다면, 게다가 다수의 사람들이 좋아하기만 한다면 다른 것은 문제 삼지 않는 풍토이다. 음악에서도 마찬가지다. 기독교에서는 죄악이라고 평가되는 내용의 음악이 세상에서는 버젓이 대중에게 유통되고 있는 경우가 그런 사실을 확인시켜준다. 그런 모습에 대해 세상은 어떤 말도 하지 않는다. 음악을 선택하는 주체가 각자의 취향이기 때문이다. 모든 음악은 선택하는 자의 취향을 반영하고 있다. 본인의 만족을 위하여, 또는 본인의 목적에 따라 선택하는 음악의 형식이 달라진다. 대상이 누구인지, 용도가 무엇인지에 따라 사용하는 음악이 달라지는 것이다. 그것을 통해 음악을 택하는 자의 취향이 어떠하며, 목적이 무엇인지를 가늠해 볼 수 있다. 가령, 자장가에는 북 치고 장구 치는 음악을 사용하지 않는다. 반대로 씩씩하고 절도 있는 행진곡을 연주해야 하는 자리에서 자장가를 부르지도 않는다. 다 제자리에 맞다 싶은 음악이 있기 마련인 것이다.

음악의 목적이 무엇인가, 어디서 사용할 것인가에 따라 적당한 음악이 있고, 불필요하거나 어울리지 않는 음악이 있다. 당연히 찬송의 제물에 어울리는 음악도 있다. 물론 그 또한 음악을 선택하는 자들의 성향, 곧 그가 가진 하나님에 관한 지식이나 찬양과 음악에 대한 지식 정도에 따라 차이가 있을 수밖에 없지만 예수 그리스도를 구주로 믿는 공통의 믿음을 가진 자들은 찬송을 위해 택하는 음악에 대하여 어느 정도 공통의 정서를 보이기 마련이다. 지금 현재는 찬송에 대한 개념도, 음악에 대한 이해도 교회들 가운데 통일되어 있지 않아 제각기 다른 음악을 선택하고 있으나 모든 그리스도인은 찬송을 위한 음악을 신중하게 찾아야 하는 사람들이다. 높으시고 거룩하시고 은혜로우신 하나님을 찬송하는 데 과연 어떤 음악이 어울리는지를 고민하여 찾고, 만들고, 불러야 하는 책임과 의무가 있다. 모든 성도들의 즐겁고도 떨리는 고민이라 아니할 수 없을 것이다.

그 일에 도움을 얻기 위한 한 방편으로 서양 음악사를 간략하게 살피고자 한다. 찬송에 합당한 음악을 찾는 일에 있어서 서양 음악사를 살펴보는 것처럼 큰 유익은 없을 것이다. 그 출발점이 교회음악인 서양 음악사는 이와 같은 고민을 위해 알아두어야 할 가장 유용한 도구라 할 수 있다. 기록으로 남아 있는 최초의 음악인 교회음악이 그와 같은 형식과 음률을 갖게 된 것은 거기에 무슨 의미를 담기 위해 그리하였는지, 또 어떤 목적을 위해 그런 형식의 음악을 만들었는지, 또 그 이후로 계속해서 변화되는 시대정신은 음악으로 어떻게 묘사되었으며, 어떤 형식으로 변화되어 지금에까지 이르렀는지를 살펴보는 것은 현재 우리가 사용하는 이 시대의 음악에 대하여 보다 더 정확하게 이해하게 하고, 더 나아가 우리가 찬송에 합당한 음악을 찾는 일에 더할 나위 없이 큰 도움이 될 것이다. 음악 형식은 그 시대의 정신이나 추구하는 목적에 깊이 연관되어 있기 때문이다. 시대에 따라 다양하게 변화해 온 음악 형식을 살피다 보면 과연 우리가 아는 성경의 하나님을 찬양하는 데에는 어떤 형식이 그 정신과 의미에 합당할 것인지를 결정하는 데 있어서 좀 더 폭넓은 안목을 가질 수 있을 것이다. 그런 도움을 얻기 위해 이 단원이 마련되었다.

더 온전한 찬송을 만들고 부르려고 시도하는 것이 우리의 역할이다. 새로운 찬송을 만들어야 한다고 무작정 덤비기보다 우선 기존의 음악을 통해 흠 없는 찬송의 제사에 합당하다 싶은 음악을 찾는 안목을 키우고, 필요한 것을 가져다가 사용하면 된다. 그런 든든한 음악적 유산을 기반으로 해서 창작이 이루어져야 한다. 유익한 창작은 역사를 기반으로 해서 나온다. 목이 마르다고 모두가 다 우물을 파야 하는 것은 아니다. 목이 마를 때마다 우물을 파는 것도 아니다. 누군가가 이미 파놓은 우물에서 목을 축이는 것도 나쁘지 않은 방법이다. 그렇게 하면서 필요하면 새 우물을 파면 된다. 역사는 후대인들에게 그렇게 유익하게 사용될 수 있다. 그 일에 조금이라도 도움이 되길 바라는 마음으로 이 단원을 정리해 보았다.

음악사에 대한 연구는 참으로 다양한 관점에서 이루어져 있다. 음악형식의 변화로 보는 관점, 사회학적으로 음악사를 보는 관점, 국가별로 보는 관점, 인물 중심으로 보는 관점 등 각각의 관점으로 서양음악사의 흐름을 정리해 둔 논문들이나 자료들이 많다. 그 모든 내용을 다 살펴볼 수는 없고, 여기서는 시대별로 그 시기의 대표적인 음악이나 음악가를 택해서 그 시대의 음악은 어떤 정신을 반영하고 있는지, 그 시대만의 고유한 정신에 따라 음악이 어떻게 표현되었는지를 살펴보려고 한다. 그동안 여러 음악사가들이 정리해 놓은 시대구분과 당대의 특징, 작곡가의 성향 등을 참고하여 각 시대의 음악이 주로 어떤 내용과 어떤 목적을 가지고 그렇게 만들어진 것인지에 대해 그 핵심적인 요소만을 최대한 간략하게 정리하고자 했다. 그런 의미를 알고 각 시대의 음악을 직접 찾아 듣게 하기 위함이다. 음악을 단지 소리의 향연으로만 듣지 않고 그 이면에 담겨 있는 사상과 정신을 따라 어떤 음악이 어떻게 창작되어 나왔는지를 시대별로 비교해 보는 일을 꾸준히 한다면 우리가 부를 '찬송에 합당한 정신을 담은 음악'은 과연 어떤 형식이어야 하겠는가를 결정하는 데 큰 도움이 될 것이다.

음악사의 시대구분

음악 자체는 오랜 옛날부터 있어왔다. 성경역사의 초창기부터 이미 음악활동이 이루어져 왔다는 사실은 누구도 부인할 수 없다(창 4:21 참조). 그리고 벽화 같은 유물을 통해 기원전 3,000년 고대 이집트에서 이미 음악 활동이 이루어졌다는 사실과 그 밖에 그리스, 로마 등지의 문화권에서도 음악은 중요한 역할을 했다는 사실이 알려져 있다. 그러나 아쉽게도 이러한 고대 문화권에서의 음악은 음악 자체를 알아볼 수 있는 형태로는 남아 있지 않다. 그러므로 음악 자체에 무게를 두고 서양 음악사를 연구할 수 있는 길은 음악이 악보로 기보되기 시작한 중세시대부터 가능하며 그것은 아래와 같이 양식적으로 분류된다.

    (I) 중세의 음악(450-1450)
        A. 그레고리안 성가
        B. 세속음악의 출현

C. 아르스 노바(Ars Nova)

(II) 르네상스의 음악(1450-1600)

(III) 바로크의 음악(1600-1750)

(IV) 고전주의의 음악(1750-1820)

(V) 낭만주의의 음악(1820-1900)

(VI) 20세기의 음악(1900년 이후)

약 1,500-1,600년간의 역사이다. 이와 같은 순서에 따라 그 시대의 음악이 나타내려고 했던 특성들을 살펴보려 한다. 각 시대마다 방대한 내용을 갖고 있지만 여기서는 편의상 그 시대를 대표하는 음악이나 음악가에 대해 중요하고 대표적인 특징들을 몇 가지로 축약해서 간단하게 제시할 것이다. 여기서 제공하는 정보를 바탕으로 각 시대를 대표하는 음악들을 각자가 직접 들어 보기를 권한다.

(I) 중세의 음악 (450-1450)

먼저 중세의 음악이다. 중세시대의 음악은 세 부분으로 나누어 살펴볼 수 있다. 첫째는 그레고리안 성가, 둘째는 세속음악의 출현, 셋째는 아르스 노바라 불리는 음악이다.

A) 그레고리안 성가

일반 문헌상으로는 음악사의 시작을 그레고리안 성가라고 볼 수는 없다. 사도시대 이후부터 그레고리안 성가가 나타나기까지 그 사이에도 교회에서 음악활동이 있었다는 사실을 확인할 수 있다. '서구 교회음악의 아버지'라고 불리우는 밀라노의 <암브로스>(339-397)가 그레고리안 성가와는 다른 "암브로스 성가"를 가지고 불렀다는 기록이 있기 때문이다.[2] 그는 특히 교회음악에 지대한 영향을 준 사람으로 이미 서방에 있었던 응송적 시편송(應誦的

---

2) 주정식, 교회음악발달사 (서울 : 호산나음악사, 1990), p. 38.

詩篇頌) 외에 동방에 보급된 교송적 시편송(交誦的 詩篇頌)이나 찬미가를 도입해서, 그 후 서방교회의 음악을 발전시키는 계기를 만들었다. 그 덕분에 밀라노 교회는 오늘에 이르기까지 카톨릭 교회의 공식 전례인 로마 전례와는 다른 '암브로스 전례'라는 것을 가지고 있고 음악에 있어서도 그레고리안 성가와는 다른 '암브로스 성가'를 가질 수 있었다.[3] 한국교회도 그 유산을 이어받고 있다.[4] 그 외에도 비잔티움 성가, 갈리아 성가, 모자라베 성가 등이 초기 기독교로부터 약 1,000년에 걸친 시기에 있었지만,[5] 남아 있는 자료와 후대의 음악사에 끼친 영향력으로 인하여 서양음악사의 출발점이자 중세 초기 시대를 주도하는 대표적인 성가는 그레고리안 성가로 여겨지고 있다. 이와 같은 그레고리안 성가의 중요한 몇 가지 특징은 다음과 같다.

1. 악보가 남아 있는 최초의 음악

하나님의 백성들이 부른 찬송뿐만 아니라 세속음악도 오래

---

3) David P. Appleby, 교회음악사, 박태준 옮김 (서울 : 세종문화사, 1992), p. 27.
4) 통일찬송가 42장의 "찬란한 주의 영광은 영원히 빛날 광채요"가 그 시절에 불리던 찬송 가사다.
5) H. M. Miller, 새 서양 음악사, 최동선 옮김 (서울 : 현대음악출판사, 1990), p. 22.

전부터 있어왔지만 그레고리안 성가 이전까지의 음악은 악보의 형태로 남아 있지 않다. 특히 세속음악은 기록할 만한 가치가 없다 해서 교회가 기록으로 남기길 장려하지 않았으므로 세속음악은 이후로도 오랫동안, 1200년경에 이르기까지 악보가 남아 있는 것이 없다. 어떻게 불렀는지를 모르는 것이다. 그러나 그레고리안 성가는 일단 음악 자체가 기록으로 남아 있는 최초의 음악이기 때문에 서양음악사의 출발점으로 삼는다.

그레고리안 성가가 가사만이 아니라 악보 자체를 남기게 된 것은 분명 교회의 영향력 때문이다. 주후 313년 로마 제국의 콘스탄티누스 황제가 기독교를 국교로 공인한 후에 시간이 지나면서 기독교가 외형적인 면에서 크게 확산되었다. 그 영향으로 로마 제국에 속한 여러 나라들과 지역에서 각 지역의 특색을 따라 다양한 형식의 예배가 드려지자, 의전을 통일시킬 필요를 느꼈던 교황 그레고리우스는 주후 590년에서 604년에 걸친 그의 재위기간 동안 교회 의전을 통일시키라고 명령한다. 그러는 가운데 예배 때 사용하던 음악도 재편성되었고, 그것이 음의 진행을 알 수 있도록 기록된 자료가 남아 있는 최초의 음악이 되었다. 그때까지 각 지역과 민족에 따라 각기 다르게 불리던 여러 종류의 예전

음악을 교황 그레고리우스가 모아 정비했다고 해서 '그레고리안 성가'라 불리기도 하고, 하나의 선율로 이루어졌다고 해서 '단선 성가'라고 불리기도 한다.

우리 기독교의 입장에서는 종교개혁이 불가피할 정도로 교리적인 면에서 점점 더 성경으로부터 멀어져가는 천주교회가 교회음악을 정비하고 자신들의 전유물로 삼은 역사가 한편으로는 안타깝게 보이기도 한다. 특히 후대로 오면서 마리아 승천일이나 무흠설을 주장하기까지, 성경으로부터 점점 더 벗어난 천주교회가 교회의 정통성을 주창하며 정비한 예전음악이 서양음악의 뿌리가 되었다는 사실은 기독교인들이 선뜻 그 음악의 정체성에 대해 호감을 갖고 접근하지 못하게 하는 요인이 되기도 한다. 하지만 이 서양음악사가 그레고리안 성가로부터 시작한 것은 우리 기독교인들에게도 아주 중요한 의미가 있다.

2. 사도시대에 부르던 찬송과 놀랄 만큼 일치함

특이할만한 점은 이 그레고리안 성가의 기원이 예수 그리스도와 사도의 시대까지 소급된다는 것이다. 오랫동안 그레고리안 성가는 중세 초기 로마 음악가들의 손으로 작곡되고 기록된 것이라고 일반적으로 알려져 왔다. 그러나 많은 음악 역사가들의 연구에 의해 이러한 인식은 수정되기에 이르렀다. 그중에서도 유대교 음악사에 대한 연구로 정평이 나 있는 <이델존> (Abraham Zevi Idelsohn, 1882-1938)의 끈기 있는 연구에 의해 그레고리안 성가의 선율양식과, 때로는 멜로디 자체까지도 유대 음악과 매우 흡사하고 어떤 경우엔 거의 동일한 것도 있다는 사실이 밝혀졌다.[6] 예멘이나 칼데아 같은 지방에 전해진 유대인의 시편 찬송이 그레고리안 성가의 그것과 놀랄 만큼 일치한다는 것이다. 이처럼 그레고리안 성가의 모체는 유대인 회당에서 부른 시편창이나 찬송가라고 할 수 있다. 다시 말하면, 예수님이나 사도들이 불렀을 찬송과 제일 유사한 음악이라는 말이다. 이런 음악이 그 이후로도 근 1000년간 서구문화의 중심이 되고 기초가 되었다.

3. 하나님을 향한 예배만을 목적으로 쓰인 것

그레고리안 성가가 갖고 있는 또 다른 중요한 특징은 예배 중에 사용되는 음악이었다는 점이다. 수천 개의 수도원 안에서 있었던 일들 중 예배 의전을 노래로 부르는 것은 가장 중요한 일

---

6) 세광음악출판부, 표준음악사전 (서울 : 세광음악출판사, 1990), p. 63.

들 중 하나였고, 이 일을 위하여 소년들은 교회와 관련된 학교에서 음악교육을 받았다.[7] 「스콜라 칸토룸」(Schola Cantorum:성가대의 학교)은 교황 그레고리우스 1세가 교황청에 도입하여 만든 교황청 성가대를 말한다.

이들이 드리던 예배의식에는 두 가지가 있었는데 "성무일과"와 "미사"이다. 일반적으로 수도원과 일정한 대성당에서만 공적으로 거행되던 성무일과는 성직자들이 매일 수차례씩 미사 드리는 것을 말한다. 모든 성무일과는 음악으로 진행되었고,[8] 미사도 역시 의식과 음악이 함께 묶여 있으며, 이 때 쓰인 음악은 시편을 중심으로 했다.

그 노래는 고정적으로 노랫말이 정해져 있는 "통상문"과, 기독교의 역년(曆年)에 따라 노랫말이 변하는 "고유문"이 있다. "고유문"에는 입당송(Introitus), 승계송(Graduale), 알렐루야(Alleluia), 영송(Tractus), 봉헌송(Offertorium), 성찬송(Communio) 등이 포함되고, "통상문"에는 참회(Kyrie), 영광송(Gloria), 신앙고백(Credo), 거룩송과 축복송(Sanctus & Benedictus), 하나님의 어린양(Agnus Dei) 등이 있다.

---

7) Roger Kamien, 서양음악의 유산I, 김학민 옮김 (서울 : 도서출판 예술, 1993), p. 117.
8) Richard H. Hoppin, 중세음악, 김광휘 옮김 (서울 : 삼호출판사, 1991), p. 139.

이 중 통상문의 내용은 당시의 음악에 담긴 정신과 핵심적인 목적을 이해하는 데 큰 도움이 될 것 같다.

첫째로, "참회"(Kyrie)는 그 가사가, "Kyrie eleison(주여, 우리를 불쌍히 여기소서), Christe eleison(그리스도여, 우리를 불쌍히 여기소서), Kyrie eleison"이다. 이것을 각기 세 번씩 도합 아홉 번을 부르게 된다.

둘째로, "영광송"(Gloria)은, 그리스도 탄생 때 천군 천사들에 의해 노래되었다고 하는 "지극히 높은 곳에서는 하나님께 영광이요 땅에서는 기뻐하심을 입은 사람 중에 평화로다"(눅 2:14)에서 비롯된 것으로, 사제가 "Gloria in excelsis Deo"(하늘 높은 곳에는 하나님께 영광)라는 말로 시작하면 성가대가 "Et in terra pax"(땅에서는 평화)로 받아서 계속하여 하나님의 영광을 찬양하며, 그 아들의 영광을 묘사하고, 끝으로 삼위일체를 노래한다.

셋째로, "신앙고백"(Credo)이 따르는데 이것은 사제가 "Credo in unum Deum"(하나이신 주를 믿으며)으로 시작하면 성가대가 받아서 "Patrem omnipotenten"(전능하신 하나님 아버지를 믿으며)으로 이어진다.

넷째로, "거룩, 거룩, 거룩"(Sanctus, Sanctus, Sanctus)과 "오시는 이여 찬미 받으소서"(Benedictus)로 이어지는데 'Sanctus'는 이사야

6장 3절에서, 'Benedictus'는 마태복음 21장 9절에서 유래되어 하나님의 영광을 찬송하는 것이다.

마지막 다섯째로, "하나님의 어린 양"(Agnus Dei)은 요한복음 1:29에서 유래된 것으로 그 가사는, "하나님의 어린 양 세상의 죄를 없애시는 주여 우리를 불쌍히 여기소서(두 번 반복) 하나님의 어린 양 세상의 죄를 없애시는 주여 우리에게 평화를 주소서"로 되어 있다.

그레고리안 성가는 이런 내용을 담기에 적합하다 싶은 음악으로 만들어졌다. '음악은 하나님의 창조의 완전성을 이해하기 위해 필요하다, 이 음률이 하나님께 드리는 예배를 위하여 가장 적합한 곡조있는 말이다'라는 인식을 가지고, 그 목적을 이룬다고 생각하는 음률로 만들어지고 불려졌던 것이다. 특히 그런 음률체계를 규정짓는 교회선법을 제정해서 거기에 따라 만들려고 하였다. 음의 움직임에 있어서 도약진행은 아주 드문, 순차진행 형태였으며, 음역이 제한되어 있었던 것도 거룩한 예배에 합당한 곡을 만들기 위한 그런 인식 때문이었다.[9] 그처럼 음악을 하나님

---

9) Miller, p. 21.

께 말씀을 올리기 위한 가장 적합한 곡조 있는 말로 이해하고, 하나님께 드리기에 가장 적합하다 싶은 음률을 구현하려는 의도를 가지고 만들었다는 점에서 후대의 교회 음악가들에게 귀감이 된다 하겠다.

4. 청중의 감정을 움직이는 데 목적이 있지 않음

요즘에는 사람들이 심지어 찬송음악에서까지 기대하는 바가 대개 "사람에게 어떻게 잘 보일까?", "어떻게 사람을 즐겁게 할 수 있을까" 정도인 반면, 당시의 인식은 오직 하나님께만 드리려고 했을 뿐 사람들에게 기분 좋은 소리를 들려주려는 것이 아니었다. 찬송을 만들고 부름에 있어서 단순히 사람들이 듣기에 좋은 아름다움을 추구한다거나 듣는 이들의 감정을 움직이는 데 그 목적이 있지 않았다. 오히려 그 점은 철저히 배격해야 하는 요소로 여겼다. 암브로스에게 보낸 어거스틴의 편지의 일부분을 보면 그 점에 대해 중세의 그리스도인들이 예배에 있어서 음악적인 면을 어떻게 생각하고 있었는지를 조금 짐작할 수 있다.

"때때로 저는 하나님을 위한 질투가 지나쳐, 차라리 교회와 나 자신으로부터 감미로운 영창의 멜로디를 완전히 제하여 버리고 싶은 생각이 듭니다. 시편을 노래하는 그 멜로디가 우리의 귀를 미혹시킬까 두렵기 때문입니다. 알렉산드리아의 주교 아타나시우스는 흔들리지 않는 사람이었던 것 같습니다. 들리는 바에 의하면, 그는 찬송을 부를 때 음성의 변화를 거의 주지 않아 노래한다기보다는 책을 읽는 편에 더 가까웠다고 합니다.
그러나 저는 회심한 직후에 당신의 교회에서 성가대가 부르는 영창 소리를 듣고 감격의 눈물을 흘리던 일을 기억합니다. 그때 저는 단순히 음악 곡조에 감명받은 것이 아니라, 명확한 음성과 적절한 음률에 담긴 찬송가의 내용에 감명을 받았던 것입니다. 그러므로 찬송도 참으로 유익한 행사임을 고백하지 않을 수 없습니다."[10]

암브로스 당시의 교회음악이 사람의 마음을 끄는 강력한 힘과 아름다움을 지니고 있었지만 어거스틴은 찬송에서 음악의 감

---

10) 찰스 스펄전, "스펄전의 시편강해", 제7권, (서울 : 생명의 말씀사, 1997), p.305.

미로움에만 도취될까 염려할 정도로 스스로를 경계하고 있음을 볼 수 있다. 가사와 함께 하나님을 향해 경외심으로 나아가게 돕는 방편이 아니라 소리 자체에만 끌리는 것을 죄악시한 것이다. 그런 엄격한 경향이 초기 중세시대의 음악에 대한 교회의 보편적인 인식이었다. 기본적으로 교회음악은 사람들을 만족시키려는 데 일차적인 목적이 있지 않았던 것이다.

5. 중요한 음악가들은 거의 성직자였음

그러다보니 중요한 음악가들은 거의 성직자였다. 음악의 정통성은 신앙의 정통성과 같은 정도의 필요성으로 교회 안에서 인식되었기 때문이다.[11] 교회가 음악을 중요하게 생각하므로 교회음악을 만들기 위해서는 성직자 수준의 신학을 겸비한 자이거나 최소한 교회를 위해 종사하는 자여야 했다. 수천 개의 수도원들 안에서는 매일매일 예배 의전을 노래로 부르는 일을 중요한 의식 중 하나로 여기고 있었기에, 교회는 '성가 학교'(Schola Cantorum)를 만들어 교회음악을 교육할 수 있도록 했으며,[12] 특히 교황 그레

---

[11] Albert Seay, "중세의 음악," 음악의 유산 제 1 권 : 서양음악의 탄생, Roger Blanchard 엮음 (서울 : 중앙일보사, 1986), p.30.
[12] 김미애, 서양의 교회음악 (서울 : 삼호출판사, 1991), p. 20.

고리우스는 예배에서의 음악의 중요성을 중시하여, 선법의 규정 및 성가의 집성을 관장하고 전문적인 성가대원을 육성하도록 했다고 알려진다. 그런 이유로 교회음악을 주도하는 자들에게는 상당한 신학적 지식과 음악적 훈련이 함께 요구되었다. 요즘은 아이들도 '목사님은 설교나 하세요, 찬송은 기타 잘 치고 드럼 잘 치는 우리가 알아서 할테니까요.' 이렇게 배짱좋게 말하는 시대가 되어버렸지만 그 때는 그럴 수 없었다. 하나님을 누구보다 잘 알아야 찬송을 위한 음악도 바르게 만들 수 있다는 보편적인 인식 가운데 찬송음악이 만들어졌다. 다윗이 성전 지을 준비를 할 때 제사장과 찬송 맡은 자들을 같은 비율로 두고 레위인들에게 직책을 맡겼던 의도와 크게 다르지 않은 처사라 할 수 있을 것이다. 그렇지 않고 음악하는 사람에게만, 혹은 아이들에게만 예배 찬송을 전적으로 맡긴다는 것은 제사장이 아닌 일반 백성들이 스스로 알아서 제물을 드리도록 하는 것과 마찬가지이다. 중세시대 초기에는 그런 점에서 찬송을 대하는 자세가 비교적 균형을 잘 유지하던 시대라 할 수 있을 것이다.

대체로 이와 같은 점들이 그레고리안 성가의 주요 특징들이라 할 수 있다. 이러한 특징들을 가진 그레고리안 성가가 원래 사람의 감정과 미(美)를 추구하는 것이 아니었음에도 불구하고 그것만이 가지는 고요하고 은은하며 성스러우면서도 아름다운 선율로 인하여, 현재까지 이어져 오는 모든 음악의 근간이 되었다. 이처럼 음악사의 가시적인 출발점은 바로 교회다. 그런 정신으로 만들어진 음악이 어떤 것인지 실제로 들어보면서 그 정서를 경험해보기 바란다.[13]

B) 세속음악의 출현(12-13세기)

1. 예배 외적인 소재가 음악의 내용에 등장

1200년경 새로운 음악이 모습을 나타냈다. 그 당시까지는 세속음악은 기록할 가치도 없는 천하고 보잘 것 없는 것이라고 간주되어 실제로 1200년 이전의 세속음악의 악보는 남아 있지 않다. 어느 시대나 다양한 종류의 세속음악이 있었지만 교회가 그것을 장려하고 보급시키려 하지 않았으므로 세상은 이것을 보유

---

[13] 「Gregorian Chant-Kyrie Christe Eleison」, 2008. 4. 11. https://www.youtube.com/watch?v=k6oM1iLJH6k, [Gregorian Chant-Kyrie Christe Eleison] 등 다수의 음악.

할 수 없었고, 학문과 교육의 중심지였던 유명한 수도원 부속의 학교에서도 이와 같은 음악은 전적으로 무시되어 왔다.[14] 그러나 이런 모든 것은 12-13세기경에 변화한다. 오랜 십자군 전쟁에서 기인된 이방 문화와의 접촉, 로마 교황과 황제와의 끊임없는 싸움, 인본주의적인 가치관의 대두 등으로 사람들이 점차로 교권에서부터 이탈하여 독립된 방향으로 향하게 되었다. 특히 기사(騎士)들을 중심으로 자신의 삶에 대한 필요를 교회가 아니라 세상에서 채우고자 했다. 이러한 현상이 음악에서는 그 전까지 성직자들이 주도해왔던 것으로부터 벗어나 민요의 통속적인 스타일을 취해서 그것을 보다 인간적인 취미에 맞도록 바꾸어가는 것으로 나타났다. 1,200년부터 1,400년경에 걸쳐서 서정적인 시와 음악이 생긴 것은 이런 사실의 결과이다. 종교적인 체제에 구애받지 않는, 사람들의 감정을 위한다는 세속적 성격의 음악이 만들어져 기록으로 남기 시작한 것이다.

2. 트루바두르(Troubadour)

이런 형식 중에서 가장 오래된 것은 선율이 남아있지 않기

---

14) H. 라이히텐트리트, 음악의 역사와 사상, 김진균 옮김 (서울 : 학문사, 1993), p. 90.

때문에 음악사적 의의로서는 미흡하지만 「골리아드」(Goliard)라고 불리는 시인 겸 작곡가들의 작품일 것이다. 「골리아드」는 곳곳의 커다란 대학이 세워지기 전 시대에 이 학교에서 저 학교로 옮겨 다녔던 학생들인데, 가고 싶은 곳이 있으면 어디나 갈 수 있었던 젊은 성직자 그룹이었다. 이들의 작품 다수는 「카르미나 부라나」(Carmina Burana)라고 하는 중세 시가집 속에 수록되어 있으며 가사는 라틴어로 쓰였는데 주제는 주로 술과 여자와의 연애, 그리고 교회 내에서 증가하는 모순과 부패에 대한 종교적 풍자로 이루어져 있다.[15]

그러한 가운데 종교상의 체제에 전연 구애받지 않는 시나 음악을 만드는 일에 크게 기여를 한 자들은 남프랑스의 궁정기사들이었다. 그 사람들을 「트루바두르」(Troubadour)라고 하고 북프랑스에선 「트루베르」(trouvere)라 했다. 당시의 이 지역은 그때까지의 끊임없이 일어났던 외적에 대한 전쟁의 필요성이 없어져 그들이 거하던 성(城)은 여유 있는 생활의 터전이 되어 있었다. 이러한 새로운 분위기 속에서, 즉 훨씬 풍부하고 사치스럽게 된 생활 속에서 귀부인들은 따분하지 않아야 했고 그것은 자연히 향락으로 발

---

[15] Donald J. Grout, 서양음악사(上), 김진균·나인용·이성삼 공역 (서울 : 세광음악출판사, 1989), p. 71.

길을 돌리게 했다. 이런 상황에서 이전에는 싸움터에서의 용맹스러움으로 명성을 날려 귀부인의 마음을 사로잡았었으나 이제는 그럴 수 없게 된 남프랑스의 궁정기사들은 그 대신에 시인이며 음악가인 「트루바두르」가 되어 귀부인들의 귀를 즐겁게 하여 명성을 올리기 위해 시를 짓고 그것을 노래했다. 이러한 트루바두르 가운데 최초의 중요한 인물이 기욤 9세(1071-1127)이다.

3. 귀부인의 등장

기욤과 그의 뒤를 잇는 사람들의 작품의 중심적인 소재는 여러 가지 형태의 연애이며, 특히 자기가 연모를 맹세한 귀부인에 대한 것들이다.[16] 여기에서 고대 이후 처음으로 귀부인이 서정적으로 노래하는 가곡 속에 나타나고, 이성(異性)의 신비가 예술의 목적으로 취급되었다. 상상력은 자유로운 활동을 시작하고 깊은 본능은 고무되고 해방된다. 요컨대 후에 낭만주의의 핵심이라고 할 수 있는 연애(戀愛)의 문제가 이미 여기서 처음으로 노출된 것이다.[17] 그 밖의 소재로서는 대화 형식에 의한 시의 콘테스트, 십

---

16) Seay, p. 40.
17) 라이히텐트리트, p. 91.

자군, 애도의 노래 등으로 약 2,600편의 시와 약 260편 이상의 선율이 남아있고 한편 이들의 영향을 받은 북프랑스의 「트루베르」(Trouvere)들은 12세기 중엽부터 13세기 말엽에 걸쳐 활발하게 활동하였으며 약 4,000편의 시와 1,400개 정도의 선율이 남겨져 있다.

이러한 프랑스의 세속음악은 대단한 반향을 불러일으켜 급속히 이탈리아, 스페인, 독일, 잉글랜드로 잇달아 퍼져나갔고 그 중에 최대의 작품 수가 남아 있는 곳은 독일이다. 14세기에 이르기까지 기사도적인 시인 겸 음악가인 「미네쟁거」(Minnesanger)들의 손에 의해 많은 작품이 만들어졌고 이 전통은 중산계급 사이에 파급되어 「마이스터징거」(Meistersinger)라고 불리는 사람들의 단체가 많이 결성되기에 이른다.

4. 교회음악에 대한 하나의 반동

이 새로운 서정적인 음악은 교회음악에 대한 하나의 반동으로 생겨난 것이다.[18] 지금까지의 음악은 예배할 때만 주로 쓰이는 엄숙하고 경건한 도구라는 인식이 강했다. 그러나 이제는 감

---

18) Ibid., p. 93.

미롭고 섬세한 여성적인 뉘앙스를 가지고 사람들의 감정을 위한 다는 새로운 세속적인 성격이 부가되었다. 그때까지 천한 것이라 여겨져 왔던 서정시나 연모의 노래 등 예배 외적인 소재가 음악의 내용을 차지하게 된 것이다. 이미 낭만주의라는 시대를 건너온 현대의 감성은 그것을 받아들이는 데 있어서 어려움이 없지만, 당시로서는 이처럼 예배 외적인 소재가 음악의 내용을 차지하게 된 것은 획기적인 변화였다.

5. 세속음악은 이때부터 계속 커나감

그와 같이 교회음악과 방향을 달리하여 생겨난 세속음악은 이때 음악사에 한 발을 들여놓았다. 음악의 역사는 이때부터 교회음악과 세속음악의 상호 대립과 조화라는 중요한 새로운 양상을 낳으며 서로 발전해 간다. 그러면서 세속음악은 이후로 예술상의 지위나 세상에서의 영향력을 잃어버리는 일이 없이 점차로 힘을 축적해간다. 시간이 갈수록 세속음악에 종사하는 음악가들이 음악에서 차지하는 비율이 늘어났으며, 음악 형식과 그 표현하고자 하는 내용도 훨씬 다양해지는 등, 세속음악이라는 분야는 세상에서 그 영향력을 계속해서 더 키워나간다.

C) 아르스 노바(14세기)

1. 음악에 대한 새로운 개념의 등장

당대를 대표하거나 특징짓는 음악은 당시의 주된 시대정신과 결코 무관할 수 없다고 음악사가들은 주장한다. 음악은 당시의 시대상과 밀접한 관계가 있다는 것이다. 14세기는 음악 역사에 혁명적인 발상이 도입된 시기로, 세속음악에 더 큰 날개를 달아주는 것 같은 중대한 변화가 음악사에 생긴다. 이 시대 음악의 배경이 되는 14세기 사회는 여러 가지 점에서 분열의 시기였다. 교황의 권력에 그늘이 보이기 시작하면서 그 결과 유럽 각 왕실 상호간의 문제와도 얽혀 여러 나라 사이에 극심한 싸움을 일으키게 될 밑바탕이 만들어지게 되었고, 이들의 분쟁은 그때까지 유지되던 유럽의 안정을 뒤엎고 큰 변동을 초래하게 된다. 유명한 프랑스와 잉글랜드 사이의 「백년 전쟁」(1339-1453)은 그러한 많은 다툼 가운데 하나에 지나지 않으며, 1350년을 전후로 하여 유럽 인구의 1/4을 희생시켰던 흑사병의 맹위와 많은 농민의 반란이 각지를 덮쳐 유럽 사회는 밑바닥에서부터 흔들리게 되는 양상이 되었다.

이미 13세기의 마지막에는 전체 성직자들 사이에서 특권의 남용, 서약의 불이행, 세속의 사람과 다를 바 없는 생활 태도 같은 악습이 두드러지게 나타남으로써 교회가 더 이상 그 안에 속한 사람들을 통솔할 힘이 없다는 것이 공공연히 인정되는 처지였다. 이러한 변화에 둔감할 리 없던 교회 음악가들은 이제 성직자로서의 본분이나 전례에 있어서의 직무는 등한히 하고 세속 사회에 눈을 돌리기 시작하여 거기에서 생활의 길을 찾기에 이른다. 교회는 이미 그들에게 복종을 강요할 수 없게 되었고, 세속 궁정의 요청에 따라 일을 하는 것이 그들 생활의 중심을 차지하게 되었으며, 그에 따라 당시의 음악은 당연히 교회음악보다는 세속적인 음악이 번성하게 되었다. 교회의 옛 모테트는 연애가나 무용에 쓰는 멜로디를 사용하여 점차로 세속화됐다. 교황권의 분열과 타락의 시기에 이탈리아의 작곡가들은 교회음악에 대한 모든 흥미를 잃게 되었다고 말할 수 있을 정도로 세속음악으로 돌아섰다. 이 시기는 세속음악의 번성이 두드러진다.

2. 필립 드 비트리의 논문

이러한 시대에 실제 음악상의 변화는 14세기 전반에 프랑스 왕실에서 봉직한 성직자이자 궁정음악가였던 "필립 드 비트리"(Philippe de Vitry, 1291-1361)의 논문 속에 가장 잘 나타나 있다. 그 논문의 제목이 「아르스 노바」(Ars Nova:新藝術)이다. 그는 이 논문에서 음악에 대한 새로운 의미를 주장했고, 그것이 음악의 용도나 의미에 대한 획기적인 전환점이 되었다.

비트리의 논점 가운데 특히 중요한 것은 현대의 표현방식으로 말한다면 「2박자」와 「3박자」가 동등하다고 주장한 것이다. 그때까지 「3박자」는 삼위일체를 상징하는 것으로서 「완전」이라고 불렀으며, 이에 대해 「2박자」는 「불완전」으로 부르고 있었으나, 비트리는 이 말들이 단지 3박자 또는 2박자를 나타낼 뿐이며, 우열을 나타낸다고 하는 과거의 철학적, 신학적인 함축은 전혀 없다고 주장하였다.[19] 2박자와 3박자 사이의 개념에 차이를 두어서는 안 된다고 한 것이다. 물론 현대인의 입장에서 보면 그 말 자체는 그렇게 틀렸다고 할 수 없을 것이다.

3. 음악 자체에 대한 신학적 개념도 부정하게 됨

그러나 이것은 박자의 우열을 없게 하는 데에만 그치지 않았

---

19) Seay, p. 53.

다. 비트리의 이러한 주장은 양식상의 문제에만 그친 것이 아니라 음악 자체에 대한 신학적, 철학적인 문제에까지 영향을 미쳤다. 그래서 이전 시대에 비해 달라진 특별한 모습이 등장한다. 곧 성직자가 교회음악과 세속음악을 동시에 만들게 된 것이다. 초기에는 가치 없고 천하게 여기어 기록에도 남기지 않던 세속음악이 12,3세기에는 기록으로 남겨지게 되었고, 비트리가 그의 논문「아르스 노바」에서 주장한 2박자와 3박자의 신학적, 철학적 개념을 버린 결과 음악 자체의 신학적, 철학적 개념이 희미해져 이제는 성직자가 세속음악을 작곡하는 길이 열리게 된 것이다.

4. 기욤 드 마쇼(Guillaume de Machaut, 1300-1377)

그 예를 바로 이 시대의 대표적인 작곡가「기욤 드 마쇼」에서 찾아볼 수 있다. 그는 귀족 가문에서 태어나 신학을 공부하고 서품을 받은 신부이기도 했으나, 당시의 성직자의 다수가 그러하였던 것처럼 대부분의 시간을 궁정 관리로서 여러 귀족들을 모시며 보냈다. 오랜 기간 많은 군주를 섬긴 보수로 각지 교회의 직분이 수여되고, 실지로 그 직책이 갖는 의무를 완수하지 않았어도 그것에 수반하는 높은 수입을 얻을 수 있었다고 전해진다.

마쇼의 작품 가운데 오늘날까지 가장 잘 알려져 있는 것은 「노트르담 미사곡」인데, 중세에 작곡된 음악 중에서 대표적으로 아름답다는 평을 듣고 있는 곡이다. 이 곡은 또한 작곡가의 이름이 알려진 최초의 '통상부 다성 미사곡'이라는 음악사적 의미를 지니고 있기도 한다.[20] 마쇼는 그레고리안 성가의 경건성을 크게 훼손하지 않으면서도 다성부를 구성할 정도로 음악적 능력이 뛰어났고, 그런 점에서 교회 음악 분야에 뛰어난 작품을 남겼지만, 총 23곡이 남아 있는 그가 작곡한 모테트 중에 종교적 내용의 것은 겨우 2곡뿐이며, 나머지는 모두 세속적인 성격을 나타내고 있다. 특히 「레」(Lai), 「롱도」(Rondeau), 「비를레」(Virelai), 「발라드」(Ballade)와 같은 당시 유행하고 있던 세속음악의 모든 형식을 사용하여 작곡했다고 알려진다.[21] 그는 사랑을 주제로 한 달콤한 노래의 가사와 시를 모두 쓸 정도로 음악가로서뿐만 아니라 시인으로도 명성이 높았다. 그는 60세 되던 해에 19세 되는 귀족 여인 페롱 다르멩티르와 사랑에 빠져 수년 동안 서신을 나누었으나 결국 나이 차이로 실망 속에 끝나게 된 연애담을 기초로 하여 둘의

---

20) 통상부 미사는 언제나 똑같은 예배가사를 사용하며 Kyrie, Gloria, Credo, Sanctus, Agnus Dei로 구성된다.
21) Seay, p. 55.

사랑을 노래한 것이 「진실한 이야기」(Voir dit)에 담겨져 있다.[22] 그의 또 다른 세속음악 「나 역시 황홀경에」(Je suis aussi)라는 노래는 그가 세속적 음악에 대해 가진 애정이 어떠했는지를 적절히 보여준다.

> Je suis aussi com cilz qui est ravis,
>
> Qui n'a vertu, sens ne entendement,
>
> Car je sui a nulle riens pensis,
>
> Jour ne demi, temps, heure ne moment,
>
> Fors seulement a m'mour
>
> Et sans partir en ce penser demour
>
> Soit contre moy, soit pour moy, tout oubli
>
> Fors li qu'aim mieus cent mille fois que mi.

> 나 역시 황홀경에,
>
> 힘도 감각도, 생각도 없이,
>
> 끊임없이 생각하는 것은,

---

[22] Kamien, p. 131.

> 어떤 날, 어떤 시간, 어떤 순간에도 내 사랑뿐.
> 내 사랑에 대한 생각으로 굳어졌네
> 좋건 싫건 난 모든 걸 잊어버렸네.
> 나보다 한없이 더 사랑하는 이여.

이와 같은 세속적인 내용이 성직자이기도 한 마쇼의 작품 대부분을 차지하고 있다. 미사라는 틀을 제공한 교회음악과, 예배 외적인 세속음악을 모두 한 사람이 작곡하게 되었다는 사실은 「아르스 노바」 시대에 나타난 중요한 특징이라 하겠다.

비트리가 그의 논문 「아르스 노바」에서 주장한 2박자와 3박자의 신학적, 철학적 개념을 버린 결과 음악 자체의 신학적, 철학적 개념이 희미해져 이제는 성직자가 세속음악을 작곡하는 길이 열려진 결과가 된 것이다. 초기에는 가치 없고 천하게 여기어 기록에는 남기지도 않던 세속음악이 12, 3세기에는 기록으로 남겨지게 되었고, 이제는 성직자들도 세속음악을 작곡하게 되었다. 교회음악과 세속음악이 동일한 한 사람으로부터 동시에 만들어질 수 있게 된 것은 당시의 역사적 상황에서는 교회음악의 세속화요, 타락이라 할 수 있다. 1324년 교황 요안네스 22세는 그와 같은 세속화를 우려하여 교회음악에서 복잡한 폴리포니의 사용을 금하는 유명한 칙령을 다음과 같이 발표했었다.

> 「작곡가들은 멜로디를 hoquet(흐느껴 우는 것 같은, 한숨짓는 것 같은 효과)에 의해서 조각조각을 내고 descant(상성부), tripla(제3의 성부)로써 그것을 덮고 때로는 세속적인 가사를 덧붙이기도 한다. 이와 같은 짓을 하는 것은 교회음악의 기본을 존중하는 정신이 결여되어 있다는 것을 표시하고 있는데, 실제 그들은 교회음악의 법칙을 모르고 교회선법이 무엇인가를 식별하지 않고, 그것을 서로 구별하려고 하지 않고 오히려 혼란시키고 있다. … 그들의 멜로디는 쉼 없이 뛰어다니며 귀를 진정시키기는커녕 다만 도취시키고 거짓 표현을 하여 회중의 예배를 돕는 대신 교란시킨다. 그들은 음란한 것을 몰아내지 않고 오히려 그것을 애호한다.」[23]

그러나 이젠 성직자가 완전한 세속음악을 만들어 내게 되었

---

23) 라이히텐트리트, p. 97.

고, 뿐만아니라 그것은 비난받지 않았다. 마쇼가 그 문을 열었다고 할 수 있을 것이다. 그의 작품활동은 교회음악과 세속음악에 굳이 차별을 두지 않아도 된다는 인식을 후대에 남겨주었다. 이 시대의 이러한 세속음악 선호 경향과, 음악의 신학적, 철학적 개념의 무시는 그 이후로 오는 모든 음악가들에게 영향을 미쳐 음악적 재질이 신학적 개념보다 우선하는 시대로의 길을 열어 주었다. 14세기의 아르스 노바는 이렇게 특징지어질 수 있다.[24]

---

24) 「Guillaume de Machaut: La Messe de Nostre Dame - Kyrie」, 2009. 11. 14. https://www.youtube.com/watch?v=Y47JdUI_PhE. 「Guillaume de Machaut "Je vivroie liement/Liement me deport"」, 2009. 10. 31. https://www.youtube.com/watch?v=9ti59NdbG1c

(II) 르네상스의 음악(1450-1600)

1. 세속음악의 약진

르네상스라는 말은 원래 재생, 부활이라는 뜻이다. 그 목표는 원래 예술 및 학문에 있어서 고전, 고대를 부활시키는 것이었으나 실제로 그 목표를 실현해 가는 가운데 르네상스라는 어휘는 더욱 넓은 중요한 새로운 의미를 갖게 되었다. 인간의 정신과 지성의 소생, 회복이 이상이 된 것이다. 특히 하나님의 존재와 하나님의 인간을 향한 주권과 상관없이 인간이 가진 개성과 개개인이 지닌 힘의 재발견에 큰 의미를 두는 특징을 가지고 있었다. 원래 중세의 문화는 개성을 인정하지 않았다. 정신적인 여러 문제의 절대적 지배자였던 교회는 교회의 신앙과 규칙에의 복종을 요구했고 철학, 과학, 예술은 엄격한 제한 아래서 인정될 뿐이었다. 그러나 르네상스 시대의 예술은 상당한 정도로 이 제한에서 벗어났다. 음악도 예외는 아니어서 음악가가 교회를 떠나서도 존재할 수 있게 되었고, 세속음악을 자유롭게 만들 수 있었으며 성직자가 아니더라도 훈련받은 음악인이면 재능에 따라 교회에서 음악을 담당할 수 있게 되었다.

2. 교회와 궁정

교회는 여전히 음악에 대한 중요한 후원자였고, 음악가들에게 활동영역을 제공했으나 저들의 음악 활동은 점차로 교회에서부터 궁정으로 옮겨갔다. 왕과 왕손, 귀족들은 훌륭한 음악가를 구하려고 서로 경쟁했다. 궁정의 음악가들은 10명에서 60명까지 그 숫자가 다양했으며, 여기에는 성악가뿐 아니라 연주자까지도 포함되었다. 이런 궁정의 음악감독은 신분이 높은 귀족의 일상생활들, 즉 도착, 출발, 조약 서명, 전쟁에서의 승리, 결혼, 출산, 또는 사망에 수반하여 항상 음악으로 환대하거나 찬사를 늘어놓을 수 있도록 요구되고 있었기 때문에 세속곡들을 작곡했고, 또한 궁정의 예배당을 위해서는 종교곡을 작곡했다.[25] 이전 시대부터 궁정이 음악의 후원자 노릇을 톡톡히 했는데, 이 시대는 그야

---

25) Seay, p. 140.

말로 무게중심이 교회에서 궁정으로 크게 옮겨간 시기이다. 중세 초기에는 하나님만을 향하려고 했던 음악의 용도가 이제 귀족들의 귀를 즐겁게 해주려는 목적으로 많이 만들어졌으며, 그것도 음악 자체를 교회음악과 세속음악으로 나눠서 살펴봐야 할 정도로 세속음악이 그 세력을 확장한 시대라고 볼 수 있다.

교회음악과 관련해서 1500년경에 활동하던 일류급 작곡가들의 수는 매우 많으나 그중에 「조스켕 데 프레」(Josquin Des Pres, 1440-1521)를 대표적으로 언급한다. 그는 동시대인들로부터 '우리 시대 최상의 작곡가', '음악의 아버지'라는 칭찬을 들을 만큼 명성을 떨친 동시에 후대 음악가들에게는 깊고 지속적인 영향을 준 사람이다. 그의 작품에는 18곡 정도의 미사곡과 100곡의 모테트, 그리고 70곡의 샹송, 이 밖의 세속적인 성악곡 등이 있다.

한편 이탈리아 르네상스 작곡가 중에서 교회음악과 관련하여 중요하게 여겨지는 사람으로는 당대 최고의 음악가로 지명되는 팔레스트리나(Giovanni Pierluigi da Palestrina;1525년경-1594)가 있다. 그는 카톨릭 교회를 위한 음악에 전념했다. 교황 제도, 마리아 숭배 사상, 마리아 승천축일, 마리아 무흠수태설 등 역사가 흐를수록 성경에서 점점 더 멀어져가는 카톨릭의 교리를 바탕으로 한 영성을 가진 자였다. 우리 기독교의 입장에서는 아쉬운 점이 많은 작곡가였으나 그는 104개의 미사곡과 450곡 정도의 기타 종교음악을 작곡했으며 카톨릭 교회를 위해서 작곡한 그의 음악은 오늘에 이르도록 음악을 포함한 모든 예술 중에서 가장 깊고 설득력 있는 카톨릭 정신의 표현이라고 칭찬받는다. 1564년경부터 에스테 추기경의 초청에 응하여 매년 여름 에스테 궁정에 나가 기악 및 합창음악의 지도를 함으로써 세속음악에만 진력한 적이 있었지만, 그는 사후 20년도 채 되지 않아서, 경외와 신비에 쌓여 교회음악의 우상적 존재로 숭배될 정도로 교회음악에 있어서 후대에 영향을 끼친다.[26] 이들과 비견되는 이 당시의 음악가들이 많지만 그중에 「조스켕 데 프레」를 이 시대의 대표로 삼을만한 이유는 그의 음악적 역량이 음악역사에서 중요한 자리를 차지할 만큼 뛰어나다는 점뿐만 아니라, 르네상스의 교회음악이 이전 시대와 구별되는 어떤 시도를 했다는 점에서도 대표적이기 때문이다.

---

26) 세광음악출판부, p. 825.

3. 미사곡에 세속적인 선율을 사용함

조스켕에게서 눈여겨볼 것은 그가 작곡한 미사곡에 세속적인 선율을 사용한 점이다. 앞선 시대의 마쇼가 교회음악과 세속음악을 동시에 작곡하면서도 세속음악과 종교음악의 구분을 취하려 했던 반면 조스켕은 그의 미사곡에서 세속적인 원천을 가진 동기(動機)와 종교적인 원천에서 나온 동기를 혼합하고 있다. 음악적 완성도는 이전 시대보다 더욱 정교해지고 발달했다. 하지만 동시에 세속적인 것을 교회음악 안으로 본격적으로 끌어들인 시기라 할 수 있다. 미사의 엄숙한 말을, 「나의 여인」이나 「전사」(戰士), 그 밖의 다른 세속적인 - 혹은 음란하기까지 한 - 샹송의 단편과 혼용한 것이다. 이런 미사곡을 '패러디 매스'(Parody Mass:흉내낸 미사곡)라 불렀고, 15세기의 대표적인 기법이었다. 그만큼 세속음악이 교회음악을 침범하고 있었다. 당연히 이런 시도는 후대로 갈수록 더욱 보편적으로 시도되는 기법이 된다.[27]

---

27) Denis Stevens, Roger Blanchard, Alec Harman, "르네상스 전성기의 음악," 음악의 유산 제 1 권 : 서양음악의 탄생, Roger Blanchard 엮음 (서울 : 중앙일보사, 1986), p. 99.

4. 세속음악의 소재가 다양해짐

한편, 르네상스 시대가 경과함에 따라 세속음악은 점점 인기를 더해간다. 유럽 전역에 걸쳐 다양한 언어들로 된 시에 음악을 붙였는데, 여기에는 이탈리아어, 프랑스어, 스페인어, 독일어, 네덜란드어, 영어 등이 포함된다. 그만큼 활약한 작곡자들이 많았고, 악보 인쇄술의 발전은 세속음악의 확장에 큰 도움을 주었다. 표현하고자 하는 내용도 점점 다양해져서 세속을 표현하려는 의도가 좀 더 넓어지고 있었다. 앞선 시대에는 주로 연모를 노래한 것에 비해서 더욱 범위를 넓혀 인간의 여러 가지 감정을 노래할 뿐만 아니라 자연에 대해서도 노래하기 시작한다.

5. 음악이 중요한 오락수단이 됨

또한 음악은 중요한 오락 수단이 되었다. 기악음악도 앞선 시기에 비할 때 훨씬 중요하게 대두되며 점차로 성악곡의 모델들로부터 해방되기 시작하여 점점 더 많은 음악들이 기악만을 위해서 특별히 작곡되었다. 기악음악이 노래의 반주로부터 벗어나 독립적으로 연주하는 것이 본격화된 시기도 바로 이 시기이다. 이러한 기악음악 중 많은 곡들이 춤의 반주를 위해 만들어졌다. 들으면 몸을 흔들고 춤추고 싶게 만드는 음악이 이때부터 본격적으로 기록에 남기 시작한 것이다. 춤은 르네상스 시절 매우 인기 있던 오락이었다. 사람들은 이런 세속음악이 가져다주는 육신적 즐거움을 기꺼이 누릴 준비가 되어 있었다. 그래서 이젠 교회의 음악가들조차도 세속음악을 앞서서 만들어 내는 시대가 되었다.

당시의 분위기를 잘 나타낸 곡 하나를 예로 들자면, 많은 르네상스의 세속음악 가운데서 영국의 훌륭한 마드리갈 작곡가로 꼽히는 토마스 윌키스(1575-1623)의 「베스타가 언덕을 내려올 때」(As Vesta was from Latmos hill descending)이다. 그는 교회의 오르간 주자이자 작곡가였다. 이 곡은 엘리자베스 여왕을 기리기 위해 만든 영국 마드리갈 모음집인 「오리아나의 승리」(The triumphes of Oriana:1601)에 포함된 노래로, 여기서 오리아나는 엘리자베스 여왕의 별칭이다. 이 노래는 6성부 곡으로 로마의 여신 베스타가 시종들(정조와 사냥, 달을 대변하는 로마의 여신 다이아나의 친구들)과 함께 언덕을 내려오면서 양치기 소년들과 언덕을 오르는 '소녀 여왕' 오리아나(엘리자베스)를 보게 되었는데, 시종들이 베스타를 버리고 오리아나에게

가기 위해 언덕을 뛰어내린다는 내용을 하고 있다.

이렇듯 르네상스 시대는 시간이 경과함에 따라 더 큰 위치를 차지해가는 세속음악이 그 자리를 확고히 다져가는 시대가 되었다. 이젠 세속음악이 교회음악과 동등한 가치를 지닌 한 분야로써의 위치를 차지하며 오히려 그 범위는 교회음악을 능가하게 된다. 이렇게 커가는 세속음악의 세력 때문에 어찌 보면 교회에 속한 자들도 세속음악을 작곡함으로써 그 명성을 유지해야 했다.

또 그들은 표현하고자 했던 소재를 사랑뿐만 아니라 자연과 신화, 오락을 위한 것 등에서도 찾는 것을 볼 수 있다. 세속을 표현하려는 의도가 좀 더 넓어지고 다양해진 것이다. 이렇게 만들어진 르네상스 시대의 음악은 후대의 세속음악을 위한 단단한 터전이 되기에 충분할 정도의 양과 질이 되었다. 교회음악과 어깨를 나란히 할 정도로 세속음악의 세력이 성장한 시대라 할 수 있다. 우리는 이 사실을 염두에 두고 르네상스를 이해해야 한다.

(III) 바로크의 음악(1600-1750)

1. 세속음악의 우세한 주도권

'바로크'(Baroque)'란 용어는 포르투칼어의 "삐뚤어진 진주"라는 말에서 유래되었다.[28] 본래는 건축과 미술 분야에서 균정(均整)적인 르네상스의 변형, 혹은 타락이라는 부정적인 의미에서 시작된 말이나 시간이 흐르면서 음악 분야에서 이 시대를 정의하기 위해 '바로크'라는 말을 도입할 때쯤에는 부정적인 의미는 사라지고 오히려 그 자체의 미와 가치를 인정하는 의도로 사용되었다고 전해진다.

이 바로크 시대에 드디어 교회가 그동안 주도해왔던 음악에 대해 궁정의 세력이 거의 교회와 대등한, 혹은 우세한 주도권자로 드러난다. 그동안 음악 속에 서서히 진행되어 온 세속적 세력이 더욱 확장되어 이 시기에 이르러서는 교회의 주도권과 거의

---

28) 홍세원, 음악사의 이해 (서울 : 아트소오스 라이브러리사, 1990), p. 47.

동등하게 된 것이다. 당시의 지배 계급은 엄청나게 부유했고 힘도 막강했다. 대부분의 사람들은 겨우 생계를 유지할 정도였으나, 소수 지배자들은 사치스러운 생활을 일삼았다. 그들은 화려한 궁정 속에서 호화로운 오락을 즐김으로써 자신의 권력을 과시했다. 오락은 이들에게 필수적인 것이었고 이때 음악은 기분 전환과 오락의 아주 중요한 수단이 되었다. 한 궁정에는 으레 관현악단과 예배용 성가대, 오페라 가수들이 고용되어 있었고, 음악에 종사하는 사람들의 숫자는 곧 그 궁정의 부에 대한 상징이었다. 음악 감독은 연주를 감독하고 오페라나 교회음악, 저녁 만찬용 음악, 궁정 음악회용 음악 등 귀족이 요구하는 음악을 작곡하는 일을 맡았다.

물론 교회 역시 음악이 필요했다. 교회의 음악 감독은 궁정의 경우와 마찬가지로 계속해서 새로운 음악을 만들어야 했고, 또한 교회 학교에 속한 성가대 소년들을 훈련시켜야 했다. 훌륭한 교회음악은 그 도회지의 품격의 상징이었고, 따라서 교회들은 앞을 다투어 훌륭한 음악가를 끌어들이려 경쟁했다. 그렇지만 교회 음악가들은 궁정의 음악가에 비해 낮은 봉급을 받았고, 지위도 더 낮았다. 그래서 대부분의 음악가들은 교회보다 궁정에서 더 많은 활동을 하려고 했다. 모든 작곡가들의 작품에 세속음악이 포함되어 있는 것이 이를 증명한다. 하지만 어느 한 분야가 완전한 우위를 점한 것이 아니기 때문에 이 시대도 르네상스 시대처럼 교회음악과 세속음악을 양분하여 따로 살펴봐야 할 필요가 있다. 각 분야의 특성을 바로크 시대의 유명한 많은 작곡가들 중 두 사람을 예로 들어 살펴보기로 하겠다.

2. 종교개혁과 요한 세바스찬 바흐

바로크 시대의 교회음악에서 대표적인 음악가는 단연 바흐(Johann Sebastian Bach)로 꼽는다. 바흐의 작품들은 바로크 음악의 최고 절정에 위치한다.[29] 물론 헨델도 그에 못지않지만, 후대의 수많은 음악가들이 음악의 아버지라 부르며 그의 음악을 통해서 영감을 얻고, 교과서처럼 공부할 정도로 바흐가 남긴 음악적 의미는 돋보인다. 베토벤은 그의 스승인 알브레히츠 베르거에게서 바흐의 단순 대위법, 2중 대위법[30], 단순 푸가, 2중 푸가, 3중 푸가

---

29) Kamien, p. 216.
30) 화성법이 여러 성부의 음을 수직적으로 조화롭게 결합하는 기법이라면, 대위법은 독립성이 강한 둘 이상의 선율을 수평적 흐름을 중시하여 조화롭게 결합하는 작곡기법을 말한다. 단순대위법은 성부(소프라노 or 알토)의 이동 없이 주된 선율에 다른 선

의[31] 전 부분에 걸쳐 철저히 배우고 B-A-C-H 음을 기초로 서곡을 구상할 만큼 바흐에 심취했었고[32], 슈만에게는 바흐 평균율의 전주곡과 푸가가 가장 이상적인 음악으로 간주되었으며, 쇼팽은 그걸 모두 외워서 칠 만큼 피아노 주법에서 바흐를 추종했다. 브람스도 바흐의 대위법을 그의 작품에서 모델로 사용한 작곡가들 중 한 사람이고 모짜르트는 바흐의 푸가로부터 테마를 빌어와 푸가를 작곡 또는 편곡하는 등 푸가 작곡에 심혈을 기울인다.[33]

이처럼 후대 작곡가들에게 지대한 영향을 끼친 바흐는 오페라를 제외한 모든 바로크 음악 형식으로 걸작들을 만들었으며 평생에 걸쳐 약 295개 정도의 교회 칸타타, 수난곡 2개와 3개의 오라토리오, 그 밖에 오르간과 다른 기악을 위한 수많은 곡을 남겼

율을 추가하는 형식이고, 2중 대위법은 "자리바꿈 대위법"이라고도 하며, 성부를 상하로 자리바꿈해도 음악적 성립이 가능하도록 작곡한 기법이다. 그 자리바꿈이 몇 개의 성부 사이에서 이루어지는가에 따라 '2중 대위법'(2성부), '3중 대위법'(3성부) 등으로 불린다.

31) "푸가"는 대위법 양식으로 작곡된 곡들 중 한 성부가 하나의 주제가 되는 선율을 연주한 뒤 이를 따라 다른 성부가 다른 음역에서 모방해나가는 것을 특징으로 하는 작곡기법이다. "카논"도 모방기법이지만 "푸가"는 카논처럼 엄격한 모방이 아니라 주제에 대해 자유롭게 대선율(對旋律)을 덧붙이는 형식으로서, 단순 푸가는 주제가 1개, 2중 푸가는 2개, 3중 푸가는 3개의 주제를 지니는 푸가를 가리킨다.

32) 독일어 음이름은 C D E F G A H C 로 진행된다. 통용되는 로마어 음이름 Bb이 독일어 음이름 B이다.

33) 김금희, "바하의 음악이 끼친 영향," 음악동아 (1984년 6월): 112.

다.[34]

그러나 그의 참된 가치는 훨씬 다른 곳에 있다. 즉 그는 종교개혁이 낳은 최고의 작곡가였다는 사실이다.[35] 바흐는 철저한 기독교인이었다. 칼빈보다 150년 정도 뒤에 태어난 바흐의 음악은 그 당시의 종교개혁을 통해 이루어진 성경적인 기독교 정신의 직접적인 산물이었다. 그것이 그의 창작의 배경이었다. 그의 작품의 대부분은 개신교에 속한 음악이다. 그의 음악의 형태와 언어는 종교개혁을 통해 분명히 드러난 성경의 진리와 밀접한 관계가 있다. 성경의 내용으로부터 작곡과 작사의 풍부한 조화와 통일성, 다양성을 찾음으로써 그로 인한 깊은 경건성이 그의 모든 음악에 담겨 있다. 다른 어느 시대에서도 다시 찾아볼 수 없을 만큼 뛰어난 참 신앙에 의한 감사와 간구와 찬양이 그의 뛰어난 음악적 역량에 의하여 무게 있고 진지하게 표현되어 있는 것이다.

---

[34] 이성삼, 서양음악사 (서울 : 정음사, 1981), p. 110.
[35] Francis A. Schaeffer, 그러면 우리는 어떻게 살 것인가?, 박형용 옮김 (서울 : 말씀사, 1992), p. 95.

3. 어느 시대보다 예수님에 대한 내용이 두드러짐

따라서 그의 음악은 이전까지의 어떤 교회음악보다 훨씬 더 예수 그리스도에 대한 내용이 두드러진다. 종교개혁을 통해 드러난 주님 되신 예수 그리스도에 대해 어느 시대, 어떤 음악가보다 세세하게 묘사하고 송축하는 데 목적을 두고 있다. 그런 점에서 바흐는 음악계의 칼빈이라 비유할 만하다. 실제로 그는 교회음악을 작곡할 때면 시작 부분엔 '예수여 도움을 주소서'(Jesu Juva)를 나타내는 「J.J」를 적어놓고 끝부분엔 '하나님께 영광을'(Soli Deo Gloria)을 나타내는 「S.D.G」를 적어 넣었다.[36] 종교개혁자들의 정신을 이어받아 자신의 예술의 목적이 오직 하나님을 영화롭게 하는 데 있다고 믿고 모든 힘을 다해 예배를 위해 많은 교회음악을 작곡했던 것이다.

이런 점에서 바흐의 음악은 우리 기독교인들이 참 환영할 만한 것이다. 세상 사람들조차 '음악의 아버지'라 부를 정도로 음악적 위업이 뛰어난 작곡자가 실은 예수 그리스도를 깊이 이해하고 십자가와 부활을 중심으로 한 찬송을 만드는 데 일생을 바쳤기

---

36) Kamien, p. 219.

때문이다.

그의 작품 중 가장 유명한 것 중에 하나인 「B단조 미사」중 「신앙고백」(Credo)에 포함된 두 개의 대조적 악장은 그의 이러한 정신을 잘 보여줄 뿐만 아니라 그 자체가 바로크 시대 교회음악을 대표하는 특징이라 할 수 있다. 예수님의 십자가 처형의 슬픔을 심오하게 표현한 「Crucifixus」(십자가에 못박혀)와, 예수님의 부활의 기쁨을 표현한 「Et resurrexit」(다시 일어나셨네)에 그런 점이 잘 드러나 있다. 직접 들어보기를 권한다.[37]

「Crucifixus」(십자가에 못박혀)

Crucifixus etiam pro nobis sub Pontio Pilato,
passus et sepultus est.

우리를 위해 본디오 빌라도 아래 선 채 십자가에 못박히시니,
그는 고통 받으시고 땅에 묻히셨다.

---

37) 「Bach - Mass in B minor (Proms 2012)」, 2012. 8. 21. https://www.youtube.com/watch?v=7F7TVM8m95Y 외 다수.

「**Et resurrexit**」(다시 일어나셨네)

Et resurrexit tertia die secundum scripturas.
Et ascenfit in coelum, sedet ad dexteram Dei Patris,
et iterum ventrus est cum gloria judicare vivos et mortuos,
cujus regni non erit finis.

제 삼일에 그는 다시 일어나셨다 성경에 나온 그대로.
그는 하늘로 승천하셨다. 아버지 하나님의 오른편에 앉으셨다.
그는 또다시 영광으로 세상에 오셔서,
산 자와 죽은 자를 모두 심판 하시리,
그의 왕국은 끝이 없나니.

 십자가와 부활의 예수님이 그의 음악의 뼈대였다. 바로크 시대의 교회음악은 이런 내용을 가장 중요한 특징으로 한다. 어떤 음악보다 예수 그리스도를 향한 경외심과 신앙적 정서의 깊이를 더욱 풍성하게 드러내고 있는 것이다. 다음 세 사람의 말은 그의 음악의 위상을 아주 잘 나타내 준다. 프레드릭 니체는 어윈 로데에게 다음과 같이 편지한다(1870년).

"나는 이번 주에 바흐의 마태수난곡을 3번이나 들었다네. 들을 때마다 표현할 수 없는 감격에 휩싸였다네. 기독교를 완전히 잊어버린 사람도 이 음악에서 복음을 깨달을 수가 있을 걸세 …."

바흐의 전기를 쓴 알버트 슈바이처의 고백은 이러하다(1908년).

"바흐에게는 음악이 하나님께 드리는 예배와 같습니다. 그의 예술성이나 인간성은 그의 종교적인 경건함에서 나오는 것입니다. 그의 음악은 하나님을 경외하는 찬미로 울려 퍼집니다."

컨터 라인은 스위스「음악신문」에 이렇게 쓰고 있다(1954년).

"요한 제바스티안 바흐는 모든 음악의 시작이며 동시에 끝이다. 그는 바로크 음악을 완성시키며 동시에 끝맺었으며, 다음

음악 세대를 열어주는 동시에 계속되는 시대의 진정한 열쇠의 역할을 담당한 음악사상 가장 위대한 작곡가임에 틀림이 없다.'[38])

종교개혁의 산물로 나온 그리스도 중심의 음악을 펼쳐낸 자가 세상에서도 음악의 대가로 인정받는다는 사실은 우리의 흥미를 끌기에 충분하다. 세상은 음악적 위대함 때문에라도 그의 음악을 사랑하지만, 이 같은 찬사를 들을 정도로 그의 음악 안에 예수 그리스도에 대한 경외심이 포함되어 있다는 사실은 그리스도인들에게 더욱 반가운 일이 아닐 수 없다.

4. 오페라의 출현

이처럼 종교개혁의 영향을 받은 기독교 음악이 바흐같은 사람의 위대한 음악적 역량과 함께 꽃을 피웠다면, 그동안 비약적으로 발전한 세속음악도 바흐의 교회음악보다 앞서 바로크시대 초기에 하나의 중요한 양식을 태동시켰다. 바로 오페라의 출현이

---

38) 김금희, pp. 24-25.

다. 음악에 시각적 효과를 동원하기 시작한 것이다. 현존하는 최초의 오페라는 「야코포 페리」(Jacopo Peri)의 「에우리디체」(Euridice)로, 프랑스의 앙리 4세와 메디치가의 마리아의 결혼식을 위해 작곡되고 1600년 피렌체에서 연주된 것이다. 7년 뒤에 몬테베르디 (Claudio Monteverdi 1567-1643)가 오페라 「오르페우스」(Orfeo)를 작곡했는데, 이 두 오페라는 모두 오르페우스가 사랑하는 애인 에우리디체를 지옥에서 구출해낸다는 그리스 신화에 기초한 것이다.[39] 음악역사에서는 이 중 몬테베르디가 당대와 후대의 음악에 끼친 영향을 고려해 그의 오페라를 중요하게 여긴다.

몬테베르디는 1590년경부터 20년 동안 만토바 궁정에서 처음에는 가수와 바이올리니스트로, 이후에는 음악 감독으로 일했다. 1616년에는 이탈리아에서 가장 중요한 교회 직책이라 할 수 있는 베네치아의 성 마르코 대성당에서 음악감독으로 임명되었고, 1643년 죽을 때까지 거의 30년 동안 이곳에서 일했다. 그곳에서 그는 교회가 요구하는 종교음악뿐 아니라 귀족들을 위한 세속음악도 작곡했다. 그런데 그가 후대에 유명하게 된 것은 교회음악이 아니라 세속음악 부분에서이며 특히 오페라와 관련된 부분

---

39) Kamien, p. 196.

이다. 그것이 몬테베르디의 대표적인 특징이라 할 수 있다.

5. 새로운 음악내용

그런데 이 시대는 오페라라는 음악형식도 형식이지만 그 내용도 새롭다. 몬테베르디는 신화나 고대 역사들로 자기 음악의 내용을 삼았다. 그는 총 20개의 오페라를 작곡했다고 알려졌으나 그중 3개만이 전해 내려온다. 그가 처음으로 작곡한 오페라 「오르페우스」는 그리스 신화를 기초로 해서 만든 것이다. 몬테베르디는 그의 첫 오페라의 소재로서 그리스 신화에 나오는 다재다능한 연주가 오르페우스의 이야기를 택했다.

아폴로 신의 아들인 오르페우스는 에우리디체와 결혼한 후 지고(至高)의 행복감을 느끼지만, 그의 기쁨은 신부 에우리디체가 독사에 물려 죽음으로써 산산조각나게 된다. 오르페우스는 그녀를 되살아나게 할 수 있으리라는 희망을 품고 지옥으로 내려간다. 그의 아름다운 노래 덕분에 지옥 출입을 허락받지만, 여기엔 에우리디체를 지옥으로부터 데리고 나오는 동안 절대로 그녀를 보려고 뒤돌아서면 안 된다는 조건이 붙었다. 하지만 오르페우스는 염려스러운 마음을 못 이긴 나머지 뒤를 돌아보게 되고, 에우리디체는 지하 세계로 다시 내려가게 된다. 그리고 여기서부터는 원래의 내용과 좀 다르게 진행된다. 원래의 신화 내용대로라면 약속을 지키지 않은 벌로 주인공의 몸이 산산조각으로 찢기게 되나 몬테베르디의 오페라는 해피엔딩이다. 아폴로는 오르페우스를 불쌍히 여겨 그를 하늘나라로 데려오고, 그곳에서 오르페우스는 에우리디체가 태양과 별들에 휩싸여 빛나고 있는 모습을 영원히 바라볼 수 있게 된 것이다.[40]

또 하나 음악사에 중요한 의미가 있는 곡은 그가 75세에 마지막으로 작곡한 오페라 「포페아의 대관」이다. 몬테베르디의 베네치아 시대 최고 걸작으로 알려진 이 오페라는 종래의 오페라처럼 신화에 기초하지 않고 역사적인 일화에 기초하고 있다는 점에서 새 경지를 개척한 작품으로 받아들여진다. 로마제국시대에 황제비의 지위에 오를 꿈을 꾼 「포페아」의 야심이 테마인 이 작품은 타키투스의 「연대기」라는 역사에 충실하며 그 결과 권선징악

---

40) Ibid., p. 200. [참고.「Monteverdi – Il ritorno d'Ulisse in patria (acte 3)」, 2013. 8. 9. https://www.youtube.com/watch?v=dBsXbn0clbU.]

의 정석조차 뒤집어엎고 있다.[41]

엄연히 남편이 있는 포페아는 황제비에 대한 야망을 누를 길이 없어 남편 옷토네를 냉혹하게 배반하고 황제 네로에게는 그 아내 옥타비아를 버리게 만들고 이것을 훈계하는 스승 세네카에게는 죽음을 내리게 한다. 한편 버림받은 옥타비아는 옷토네와 짜고 포페아 암살을 기도하지만 실패한다. 오히려 옥타비아와 옷토네가 유형에 처해지고 포페아는 마침내 대관한다. 이리하여 악은 이기고 포페아와 네로가 유명한 사랑의 2중창을 노래하는 가운데 오페라는 막을 내린다.[42]

우린 이 두 개의 오페라에서 새로 생겨난 음악의 내용을 발견한다. 음악을 연극과 함께 연주하고, 음악의 주제를 그리스 신화와 악한 고대 역사로부터 따 왔다는 점이다. 이전 시대에는 없었던 이것은 바로크 시대의 귀족들이 그리스, 로마의 고전 문명에 매료되었을 뿐만 아니라 스스로를 영웅과 신들에 동일시하는 점을 반영한다. 오페라 작가는 귀족들의 이런 점을 작품 속에 반

---

41) John Whenham, "몬테베르디와 오페라의 탄생," 음악의 유산 제 1 권 : 서양음악의 탄생, Roger Blanchard 엮음 (서울 : 중앙일보사, 1986), p. 173.
42) 「Monteverdi - L'incoronazione di Poppea (acte 3)」, 2013. 8. 10. https://www.youtube.com/watch?v=KACrc7UJAjM.

영하여 그들에게 아첨하는 수단으로 삼았던 것이다. 이처럼 찬란하게 등장하는 아폴로신, 기존의 가치관을 역행하는 역사적 사실 등 르네상스에 비해 더욱 다양해진 신화적 주제와, 혼돈된 도덕가치 등을 시각적 효과까지 동원하여 표현하려고 했던 시기가 세속음악에 있어서의 바로크 시대였다. 이렇게 만들어진 오페라가 후대의 음악형식과 내용에 지대한 영향을 끼쳤음은 새삼 말할 것이 없다. 교회음악은 이 시기에 그 절정을 이루고 이후로는 양과 질에 있어서 쇠퇴의 길을 걷게 되지만, 세속음악은 비록 음악사의 절정에 이르지는 못하나 앞선 시대에 비해 그 위상을 더욱 돈독히 하였고 후대에 더욱 다양하고 많은 작품들을 만들어 내게 하는 데 있어서 큰 영향을 끼치게 되었다.

(Ⅳ) 고전주의의 음악(1750-1820)

1. 세속음악이 교회음악을 크게 앞서기 시작

고전파에 들어와서 결국엔 교회음악이 세속음악의 발전에 크게 뒤떨어지게 된다. 작곡가의 성향으로나 작품의 양이나 질로나 음악사에 두드러지게 나타나는 현상은 눈에 띄는 세속음악의 우위 점령이다. 이 시대에 들어오면 음악역사를 굳이 교회음악과 세속음악으로 나누지 않는다. 물론 교회음악이 그 생명을 유지하고는 있었으나 이제 교회음악은 음악세계에서 거의 자리를 차지하지 못하고 있었기 때문이다. 흔히 '클래식'이라고 불리는 이 "고전적"이란 말은 라틴어의 "Classicus"로 본래 '납세자 계급에 속하는 자'란 의미로 '모범적'이란 뜻으로 통했었다. 그러다가 로마의 세르비우스(Servius Tullius)가 자기 나라 사람을 계급적으로 구분할 때 최상 계급을 지칭하는 말로 사용하였고, 그런 점에서 '클래식'은 '모범적이고 고아한 의미를 가진 고대 예술'이라는 뜻 정

도로 이해되고 있었다.[43]

    이 시대는 하이든, 모짜르트, 베토벤, 이 세 사람으로 그 대표자를 삼는다. 세 사람 모두 음악사에 있어서 큰 자리를 차지할 정도로 비중있는 작곡가들이다. 그 중에 하이든은 그의 음악생활의 대부분을 에스테르하지 공(公)에게 봉사하면서 보냈다. 세 사람 중에서는 비교적 교회음악의 작품이 많지만 음악사에 그가 크게 끼친 공헌은 교회음악이 아니라 교향곡이다. 그는 고전주의 양식의 개척자요, 교향곡과 현악 4중주의 형식을 완성시킨 사람으로 평가받는다. 모짜르트가 40개, 베토벤이 9개의 교향곡을 작곡한 것에 비해 하이든은 무려 104개의 교향곡을 작곡하여 오케스트라 음악에 가장 크게 기여했다.[44]

    모짜르트 음악의 특성은 그 이전과 그 이후의 어떤 작곡가의 음악보다 훨씬 더 에로틱하다는 점에서 찾는다. 그의 음악은 종교적이고 윤리적인 것, 영웅적인 것과 감상적인 것, 순수하면서도 지적인 요소들을 가지고 있지만 이러한 관계는 부차적인 것에 지나지 않는다. 그의 음악이 언제나 주제로 취급하는 것은 사

---

43) 이성삼, p. 120.
44) Kamien, p. 200.

랑하는 인간의 감정에 대한 여러 양상이다.[45] 이 방면의 놀랄만한 성과를 그의 오페라 가운데서 발견할 수 있다. 그의 오페라는 여러 양상을 가지는 남녀간의 사랑의 감정을 음악적으로 표현하는 것에 노력을 기울이고 있다. '이도메네오'(Idomeneo), '후궁에서의 도주'(Entfuhrung aus dem Serail), '피가로의 결혼'(Le Nozze di Figaro). '마적'(Die Zauberflote), '돈 죠반니'(Don giovanni), '코지 판 투테'(Cosi fan tutte), 그 밖에 그다지 유명하지 않은 몇 개의 작품도 연애감정의 모든 면을 남김없이 표현하고 있다는 사실이 그 증거이다.

그러나 이 세 사람 중에서 가장 중요하게 다뤄야 할 사람은 고전주의의 특징적인 내용을 가장 잘 담고 있으면서 곧 이은 낭만파로 가는 길을 연 「베토벤」(Ludwig van Beethoven, 1770-1827)이다.

2. 교회와 귀족에게서 음악만으로 독립한 베토벤

베토벤은 작품에 있어서나 작곡가의 삶에 있어서나 역사적인 전환을 이룬 최초의 사람이었다. 그는 교회와 궁정 모두에서 벗어나 음악만으로 독립한 최초의 작곡가라는 평가를 받고 있다.

---

45) 라이히텐트리트, p. 226.

이전까지는 모든 음악가들이 교회에 속해 있거나 아니면 궁정에 속해서 거기서 보수를 받고 그들이 원하는 음악을 만들어주는 형국이었다. 그러나 베토벤은 기성의 권위에 대해서 경의를 나타내지 않았고, 하이든이나 모짜르트와는 달리 명문의 귀족들로부터 시종 취급받는 것을 감수하지 않았다. 자신이 사회적으로는 조금도 명문 귀족들에게 뒤지지 않으며, 또한 정신적으로는 오히려 특별한 재능을 지니고 있는 만큼 그들보다 뛰어나다고 생각했다. 그래서 그는 교회에도 속하지 않고 어떤 귀족에게도 속하지 않은 채 자신의 음악세계를 구축해 갔다. 베토벤은 이와같이 독립된 태도로 기존 질서에 끝끝내 반항하며 그의 시대뿐만이 아니라 그 이후의 모든 음악가의 사회적 지위를 독립된 위치로 끌어올리는 데 결정적 역할을 한 최초의 음악가라 할 수 있다. 자기의 창작적 작업에 방해가 되는 직위를 가지려 하지 않았던 최초의 예술가이며, 사람의 주문에 따라 작곡하려 하지 않았던 최초의 작곡가였던 것이다.

3. 대중을 위한 상품이 된 음악

베토벤의 이런 점은 자신의 어둠을 비추는 이상이었다고 고백했던 괴테(1749-1832), 쉴러(1759-1805), 레싱(1729-1781) 등의 범신론적인 이상주의(理想主義)에서 유래한다.[46] 그리고 이런 사상은 그의 음악에도 반영되어 그의 작품은 그 이전의 다른 어떤 음악가의 작품보다도 인간의 자아실현에 관한 강조를 강하게 느낄 수 있다.[47] 이것이 고전주의가 가지는 음악의 대표적인 특징이다. 이전 시대의 바흐나 헨델 등 프로테스탄트의 음악가들만 해도 오로지 교회음악에 헌신하고 설사 극음악이나 기악을 작곡할지라도 부차적으로 손대었을 따름이었는데 반해 고전주의의 대표적 작곡가들은 카톨릭신자이면서도 그들의 으뜸가는 흥미는 교회음악보다 오히려 기악곡인 소나타나 교향곡, 그리고 세속적인 성악곡에 편중되어 있었다.[48] 남녀간 사랑의 여러 감정들, 춤과 오락, 삶의 모든 감정들, 자아에 대한 배려 등 보다 세속적이고 인간적인 것을 극히 세부적인 데까지 표현하려는 의도로 고전주의의 음

---

46) Ibid., p. 237.
47) Schaeffer, p. 170.
48) 라이히텐트리트, p. 246.

악은 만들어졌으며, 베토벤이 그 정점에 있었다.

베토벤의 그와 같은 음악적 성향은 음악사에 또 하나의 특별한 현상을 낳았다. 이제는 음악이 대중들의 호감을 얻어야 하는 시대가 되었다는 점이다. 음악가가 교회와 궁정에서 독립하였다는 말은 순전히 대중들의 호감으로 그 생명을 유지해야 하는 시대가 되었다는 뜻이다. 음악가의 존재 의미가 대중들의 선호도에 따라 달라지게 되었다. 좋은 음악과 나쁜 음악의 기준이 얼마나 많은 사람들이 호감을 보이느냐로 결정되는 것이다. 이제 음악은 하나님이 아니라 대중들의 마음에 들면 되는 시대가 되었다. 중세 초기에만 해도 오직 하나님을 향한 경외심으로 가장 적합한 음률을 찾아 만들어지던 음악이 이처럼 고전주의 시대에 와서는 대중들이 하나님 자리를 대신 차지하는 모습으로 변하게 된 것이다. 현대인들은 상품을 구입하는 것처럼 음악을 자기 선호도에 따라 선택하는 모습을 자연스럽게 여기지만, 처음부터 그랬던 것은 아니다. 베토벤의 독립성이 그 길로 나아가는 문을 열었고, 또 그는 그 일에 최초로 성공한 자다. 그의 음악이 대중의 마음을 움직였고, 또한 음악의 목적이 대중을 위하는 것이 되게 한 것이다.

4. 인간적인 것을 극히 세부적으로 묘사

베토벤이 그런 점에서 성공적인 음악가가 될 수 있었던 것은 그의 인본주의적 사상과 그 사상을 음악적으로 표현할 줄 아는 천재적인 능력 때문이라 할 수 있다. 베토벤은 인간의 감정의 세계, 즉 꿈, 초조, 정열, 의혹, 야심, 고양(高揚), 실의, 저항, 슬픈 경험, 생의 기쁨 등 여러 감정을 내포한다고 확신할 수 있는 음악적 표현을 찾아 자기 자신의 목적에 맞는 것으로 작곡하는 것이 그의 생애의 작업이었고, 또한 아주 성공적으로 완수했다. 이런 점은 평소에 플라톤의 '공화국'을 숙독하던 베토벤이 민주주의를 실현할 것으로 여겼던 나폴레옹을 찬미하기 위해서 만들었던 「영웅교향곡」, 고난과 공포와 비극을 극복하고서 마침내 승리의 개가를 구가한다는 그의 이념을 표현해 놓은 「운명교향곡」, 그리고 자연에서 받은 감명을 담은 「전원교향곡」, '환희에 붙인다'라는 쉴러의 시에 곡을 붙인 「합창교향곡」[49] 등 그의 대표적인 교향곡들이 잘 나타내 주고 있다.

이처럼 이 시대의 음악은 철저히 인간적이었고 인간만을 위

---

49) 이성삼, 명곡대사전 (서울 : 세광출판사, 1982), pp. 140-146.

한 음악이 되었다. 그래서 이 시대 이후로 모든 음악이 인간만을 위해도 전혀 상관없는 시대가 올 수 있었던 것이다. 인간의 관심과 흥미만을 추구해도 사람은 아무렇지 않게 여기게 되었다. 이제 교회는 그 안에 작곡가를 잡아두지 못했고, 교회음악은 교회와 궁정 모두에서 벗어나 독립된 작곡가가 스스로 원할 경우에만 작곡하게 되었다. 그래서 고전주의는 드디어 교회음악이 세속음악의 발전에 두드러지게 못 미치는 최초의 시기가 되었고, 누구보다도 베토벤이 그 주요 역할을 감당했으며 이후로 이러한 경향은 더욱 두드러진다. 이것이 고전주의 시대의 음악이 갖는 대표적인 특징이다.

(V) 낭만주의의 음악(1820-1900)

1. 빌헬름 리하르트 바그너

낭만주의는 1820년에서 1900년까지의 기간에 걸쳐서 발전했다. 낭만주의 작곡가들 중 중요한 사람으로는 엘토르 베를리오즈, 펠릭스 멘델스존, 프레데릭 쇼팽, 로베르트 슈만, 프란츠 리스트, 리하르트 바그너, 주제페 베르디, 요하네스 브람스, 차이코프스키, 구스타프 말러 등을 들 수 있다. 이외에도 중요한 작곡가들이 많이 있지만, 이들만 보아도 낭만주의 음악의 다양성을 알 수 있고 아울러 오늘날의 연주회와 오페라 공연에 낭만음악이 얼마나 커다란 영향을 끼치고 있는가도 알 수 있다. 그런 점에서 어느 시대보다 한 사람을 대표로 삼기 어렵지만 그 중에서「빌헬름 리하르트 바그너」(Wilhelm Richard Wagner, 1813-1883)를 낭만주의의 대표로 삼을 만하다. 왜냐하면 그는 낭만주의의 정신을 잘 드러낸 주요 작곡가일 뿐만 아니라 후대의 작곡가들은 다른 어느 누구보다도 그에게서 많은 영향을 받고 있기 때문이다.

2. 반(反)기독교적 정서

15세 때 베토벤 음악의 힘에 압도되어 작곡가가 되기로 결심한 바그너는 배우였던 의붓아버지의 영향을 받아서인지 '악극'(Musicdrama)이라는 새로운 형식을 만들어 내었고 독일의 낭만주의 오페라를 절정에 이르게 하였다.

그의 작품을 이해하기 위해 바그너가 일찍이 1848년에 독일의 철학자 「루드비히 포이어바흐」(Ludwig Feuerbach, 1804-1872)의 글을 읽었다는 사실을 아는 것은 매우 흥미롭다. 포이어바흐는 유물주의 철학의 초기 대표자였다. 바그너는 포이어바흐의 영향을 깊이 받았고, 바바리아의 루드비히 2세에게는 포이어바흐의 글을 읽도록 권유하기도 했었던 사실이 전해지기도 한다.[50] 또 바그너는 유물주의 철학이나 염세적인 철학, 그리고 불교에 깊이 빠져 있었던 것으로 유명하다. 그의 작품 속에 십자가와 예수, 그리고 세례 요한이나 헤로디아스 같은 인물들이 등장하지만 철저

---

50) Schaeffer, p. 157.

히 비성경적으로 왜곡된 인물상을 창작하고 있다. 이름만 빌린 것이다. 그는 철저히 반기독교적인 사람이다. 그는 제멋대로 예수를 아리안인종으로 보는 해석을 만들어냈으며 이런 주장을 하기도 했다,

> "우리들의 구세주인 신이 이스라엘의 종족신과 동일시되어 왔기 때문에, 세계사 전체를 가장 무서운 혼란에 빠지게 했다"

> "그리스도교의 밑바닥에 있는 사상은 인도에 기원을 갖는다는 것이 의문의 여지없이 증명되었다."[51]

낭만주의 시대를 대표하는 작곡가의 음악이 이와 같은 정서를 바탕으로 산출되었다.

3. 유물주의, 염세주의, 이방종교 사상, 민족주의 등이 중점내용

그러다보니 그 내용은 자연스럽게 반기독교적인 내용으로

---

51) Robert Anderson, "빌헬름 리하르트 바그너," 음악의 유산 제 6 권 : 오페라의 세기, Robert Donington 엮음 (서울 : 중앙일보사, 1986), p. 166.

채워질 수밖에 없었다. 바그너는 자신이 직접 쓴 대본으로 음악을 작곡하였는데 그의 작품 세계는 대개 독일의 전설 및 신화에 기초한 것이다.[52] 이런저런 전설들을 음악의 주된 소재로 삼은 것이다. 유령선에 관한 중세의 전설을 줄거리로 하는 「방황하는 네덜란드인」이라든가, 각각 다른 두 개의 전설인 '가창대회의 이야기'와 '탄호이저'를 연결시켜 만든 「탄호이저」, 로엔그린의 전설을 직접 각색한 「로엔그린」, 중세 유럽에 널리 퍼져 있던 트리스탄의 전설에서 제목을 따오고, 베젠돈크 부인과의 연애와 쇼펜하우어의 염세 철학의 영향을 받아, 이루어지지 않는 사랑에 대한 끝없는 동경과 사랑의 관능적인 기쁨 그리고 죽음에의 동경을 극단적으로 표현한 「트리스탄과 이졸데」, 종교개혁시대 때 세속음악의 우두머리인 한스 작스(1494-1576)를 비유한 「뉘른베르크의 마이스터징거」, 독일의 신화에 기초를 둔 대규모의 악극으로 그 안에 '라인의 황금', '발퀴레', '지크프리트', '신들의 황혼'을 포함하고 있는 「니벨룽겐의 반지」, 12~13세기의 세 가지의 옛 이야기에서 암시를 받아 만들었다는 「파르지팔」 등 대부분 전설이나 신

---

52) Roger kamien, 서양음악의 유산II, 김학민 옮김 (서울:도서출판 예솔, 1993), p. 530.

화를 소재로 삼았다.[53] 주로 이런 배경을 가지고 그의 작품은 작곡되었으며 특히 마지막 작품인 「파르지팔」은 바그너의 그러한 경향을 잘 나타내고 있다.

「파르지팔」에서 '쿤드리'는 성배를 헌신적으로 섬기는 시녀인 동시에 성배수호 기사들을 타락시키려고 유혹하는 창녀인데, 그녀는 '전생'에서 십자가를 짊어지고 골고다 언덕으로 걸어가는 그리스도를 비웃었기 때문에 영원한 벌을 받았으며, 또한 헤로디아스가 되어 세례요한을 파멸시키기도 한 여인으로도 분장되었다. '암포르타스'도 전에는 이교도인 어부의 왕이었으나 지금은 성배 수호 기사단의 왕이 되어 있고 쿤드리의 유혹에 빠져 과거 십자가 위 그리스도의 옆구리를 찌른 것과 같은 창으로 상처를 입는다는 등 불교의 윤회설의 결과가 뚜렷하게 나타나고 있다.[54]

'결혼행진곡'으로 널리 알려진 곡이 포함되어 있는 '로엔그린'도 중세의 전설들 몇 개를 바그너가 각색해서 만든 곡이다. 브라반트의 왕족 여인 엘자가 남동생을 죽였다 하여 마법을 쓰는 백작부부에게 억울하게 고소를 당해 꼼짝없이 죄를 뒤집어쓰게

---

53) 세광출판사편집국, 명곡해설전집 (서울 : 세광출판사, 1983), pp. 145-235.
54) 「Wagner: Parsifal 2-3. Akt - Sinopoli, Watson, Sotin, Elming」, 2016. 3. 2. https://www.youtube.com/watch?v=RF8OQw1KROA.

되었는데, 이때 백조의 기사 로엔그린이 나타나 엘자를 구해주고, 마법에 걸린 동생도 풀려나게 해 준다. 후에 둘이 결혼식을 올렸으나 하지 말아야 할 질문을 해서 기사가 백조를 타고 성배가 있는 나라로 돌아가고 엘자는 크게 실망하여 죽는다는 내용이다. 거기서 엘자와 로엔그린이 결혼식을 올릴 때 요정들이 축하 노래를 부르는 데, 이게 요즘 온 세상의 결혼식장에서 신부가 입장할 때 연주되는 '결혼행진곡'이다.[55] 정숙한 결혼예식에 어울리는 곡처럼 들리지만 그 음악이 만들어진 이와 같은 배경이나 구성을 보면, 바그너의 음악이 교회에서 연주되게 하는 것은 신중을 기할 필요가 있는 것으로 보인다.

비록 한 사람만을 살펴보기는 하였으나 낭만주의를 대표하는 바그너의 음악은 이런 내용을 하고 있고 이 시대의 다른 작곡가들도 대개 이 범주를 크게 벗어나지 않는다.

4. 음악에서 하나님을 위한 자리가 없어짐

음악사가들은 이와 같은 현상들이 보편적으로 널리 퍼져 있

---

[55] 「13th DIOF, 151015, 로엔그린Lohengrin, 혼례의 합창 Treulich geführt」, 2016. 6. 8. https://www.youtube.com/watch?v=FK_9ZS3DnAs.

다는 점으로 인해 낭만주의 시대를 '이제 음악에 있어서 하나님을 위한 자리가 없어졌다'고 평가한다. 현대인들이 지금도 즐겨 찾고 있는 낭만주의 시대의 음악은 이렇게 교회와는 너무나 멀어졌을 뿐만 아니라 한 걸음 더 나아가 하나님과 교회를 부정하는 유물주의, 염세주의, 이방종교 사상, 그리고 팽배한 민족주의 등을 특징으로 하는 내용을 가졌고, 그런 내용으로 음악의 활로를 찾았으며, 사람들이 그런 음악을 즐겼다는 말이다.

물론 낭만주의 시대의 작가들 중에는 지금까지도 교회에서 애용되고 있는 작품을 남긴 이들도 많다. 하지만 그 수는 그들의 활동 가운데에서 극히 일부분이요, 그나마 바흐의 작품처럼 기독교적 교리에 충실한 작품은 거의 찾아보기가 힘들다. 오히려 점점 더 성경으로부터 멀어져가는 카톨릭 교리를 따라 죽은 자를 위한 미사라든지, 마리아 숭배사상의 심화로 인한 '마리아 승천설', '마리아 무흠설' 등이 내용으로 등장하는 미사곡이 늘어나는 형편이다. 기독교의 입장에서 보자면 이방종교 사상과 별다를 바 없는 내용이다. 음악사가들은 그와 같은 카톨릭계의 음악들을 교회음악의 범주에 넣고도 '음악에서 하나님을 위한 자리가 사라졌다'라고 말하였지만, 우리 기독교의 입장에서 볼 때는 그야말로 참된 교리에 근거한 교회음악을 거의 찾아볼 수 없는 정도가 되었다. 멘델스존 같은 경우 바흐의 마태수난곡을 낭만주의 시대에 소개하여 다시 빛을 볼 수 있도록 하였고, 그 자신이 성경에 근거한 여러 작품을 만들기는 하였어도 그는 카톨릭이나 성공회, 심지어 유대교를 위한 곡까지 만들었던 것으로 알려져 있다. 엄밀한 의미에서 종교개혁의 정신을 이어받은 작곡가라 말하기에는 아쉬운 면이 있는 것이다.

이와 같은 점들에 의해 볼 때, 음악사가들이 말하는 낭만주의에 대한 평가는 결코 틀렸다고 말할 수 없을 것이다. 설령 기독교 신앙을 가진 작곡가들이 다수 있었다고 해도, 만들어진 작품의 내용이나 양적인 면에서 이 시대는 그야말로 '음악에서 하나님을 위한 자리가 사라진' 시대라고 말할 수밖에 없는 것은 분명하다.

낭만주의는 그와 같은 특징을 가진 시대이다. 바로크 시대 이후로 급격히 쇠퇴의 길을 걸어왔던 교회음악이 이제 세속음악의 거센 물결 앞에서 완전히 그 존재를 잊어버릴 지경에 이르렀고, 세속음악은 20세기로 이어지며 또 다른 획기적인 변화를 통해 그 세력을 굳건히 해 나간다.

(Ⅵ) 20세기의 음악(1900년 이후)

베토벤, 바그너로 이어지는 음악사의 거대한 줄기는 20세기에 들어서서는 현대음악 최고의 작곡가로 인정받고 있는 「아놀드 쇤베르크」(Arnold Schönberg, 1874-1951)로 이어진다. 그의 출발점은 브람스와 바그너, 말러의 음악이었는데 특히 바그너의 오페라들을 수십 번씩 관람할 정도로 열렬한 '바그너의 찬미자'로 알려져 있다. 이러한 쇤베르크의 주도로 20세기에 들어와서 음악은 또 한 번 획기적인 변화를 맞이한다.

1. '조성'의 변화

"조성"의 변화가 그것이다. 일반적으로는 음악의 기본구조를 '장, 단조 체계'로 사용하는 것에 익숙한데, 처음부터 그랬던 것은 아니다. 초기 단선성가 시대에는 음악의 체계가 '교회선법'이라 불리는 구조였다. 교회에서 사용하기에 적합하다 싶은 음률을 규정해 놓고 거기에 따라 곡을 만든 것이다. 그 교회선법이 르네상스로 들어서면서부터 '장, 단조'의 체계로 되었고, 이 '장, 단조'의 조성 체계가 르네상스 이래로 서양음악을 지배해 오다가 현대에 들어와서 '무조성'이라는 체계가 등장한 것이다.[56] 이 무조성으로의 변천을 주도한 이가 쇤베르크이다. 1900년경 바그너의 '트리스탄과 이졸데'의 경향을 띤 6중주 "정화된 밤"(Verklarte Nacht)을 작곡해서 바그너주의자로서 출발한 그는 1908년경에 "무조성 음악"을 작곡하기 시작했다.

무조성(atonality)은 조성이 없다는 뜻으로, 반음계적 화성과 반음계 구성음들의 자유로운 사용을 발전시킨 결과였다. 다시 말하면 불협화음이 협화음으로 해결되어야 할 필요성이 없다는 주의이다. 불협화음을 마치 협화음처럼 취급하며, 조성의 중심을 포기한 것이다. 이제는 음악이 아름답게 조화를 이루지 않아도 된다는 사상을 반영하고 있다. '정화된 밤'[57] 같은 음악을 한번 들어보면 괴기영화 볼 때나 나오는, 사람을 긴장시키는 그런 불협화음의 음악구조가 끝까지 계속된다. 그래도 괜찮다는 것이다.

---

56) Paul Griffiths, "쇤베르크, 베르크, 베베른," 음악의 유산 제 10 권, Wilfrid Mellers 엮음 (서울 : 중앙일보사, 1986), p. 63.
57) 「Schönberg:Verklärte Nacht, Op.4-Boulez」, 2011. 11. 12. https://www.youtube.com/watch?v=U-pVz2LTakM.

쇤베르크는 1914년부터 1920년까지의 기간 동안 작곡한 몇 개의 작품을 통해 무조성 음악을 좀 더 체계적으로 조직하는 방법의 개발을 시도하다가 1920년대 초에 마침내 한 방법을 개발해 내었는데, 그는 이를 "12음 체계"라고 불렀다. 이것은 재래의 반음계를 전혀 새로운 수법으로 사용하는 것이다. 하나하나의 작품은 12개의 반음 가운데서 작곡자가 임의로 선택한 몇 개의 음을 특정한 순서로 배열한 음렬(tone row)이 정해져 있어서, 이것이 작품의 선율을 구성하는 음높이를 결정한다. 전통적으로 내면적인 감각활동에 의해서 이루어졌던 선율의 결정이 이제는 다만 수학적인 계산으로서만 가능해진 것이다. 낭만주의까지는 그래도 그 구조를 잃지 않았던 화성과 선율, 대위법의 사용이 그로 말미암아 완전히 설 자리를 잃게 된 것이다.

2. 기존의 가치체계를 붕괴시키려는 시도

현대음악은 그가 왜 이러한 시도를 했는가 하는 이유를 알 때 보다 더 잘 이해할 수 있게 된다. 그는 1908년경 전통적인 조성 체계를 버리는 혁명적인 시도를 감행하는 최초의 무조성 음악

작품들을 위한 팜플렛에 이렇게 적고 있다.

> "나는 이미 내가 부딪히게 될 반대를 느끼고 있다. 내가 극복해야만 할 반대를 …. 나는 사명을 띠고 있다. 나는 어떤 한 이념을 크게 부르짖는 확성기다."[58]

어떤 한 이념을 나타내야 할 사명을 띠고 있어서 예상되는 반대에도 불구하고 부르짖는다고 한다. 여기서 그가 부르짖는 이념이 무엇인가를 알아보는 것은 현대음악의 내용을 이해하는 데 있어서 필수적이다. 그 이념을 내용으로 담으려고 거기에 어울리는 무조성 음악이라는 형식을 만들었을 텐데 그는 무엇을 담으려고 했었는가? 그것은 또 다른 그의 주장 속에서 엿볼 수 있다.

> "나는 전통에 기초한 진정 새로운 음악을 작곡해야 한다고 확고히 믿고 있다. … 새로운 음악은 전통에 기초함으로써 결국 전통이 될 것이다".[59]

---

58) Kamien, 서양음악의 유산II, p. 609.
59) Ibid., p. 611.

얼핏 보면 기존의 전통에 상당한 권위를 두고 있는 것처럼 들리지만 실은 그 반대다. 즉 그는 자기시대의 음악에 어떤 새로운 성격을 부가하는 것만으로는 만족하지 않고, 그때까지의 가치체계를 버리고 완전히 새로운 기초를 만들어 스스로 새로운 예술을 만든 창시자가 되려고 한 것이다. 새롭게 만들어졌다는 것 자체에 의미와 가치를 부여하는 사상의 음악적 방편이 바로 무조성 음악의 본질이라 할 수 있다. 기존의 가치에 대한 존경도 없으며, 더 나아가 하나님에 대한 경배의 요소는 더더욱 없다. 누가 만들었든 기존에 없던 것을 처음 만든 것이라면 그 자체로 의미가 있다는 사고방식이 음악으로 구체화된 것이다. 그런 점에서 현대음악은 기존의 가치체계를 붕괴하려는 이념을 표현하고자 했던 음악이라는 점을 기억해야 한다.

3. 존재하는 모든 것은 다 가치 있다는 사상

쇤베르크의 이러한 창작활동은 특별한 하나의 사상에 기초한다. 곧 지금까지 무가치하게 여겨온 것들이 모두 가치 있는 것들과 동등한 지위를 가진다는 사상이다. 예를 들면 「달에 홀린 피에로」(Pierrot Lunaire, op 21, 1912)에서는, 이상(異常)이 정상이며, 꿈이 현실이고, 환상, 즉 살인, 모독, 마음의 깊은 균열 등을 청중들에게 거리낌 없이 전하는데, 이것은 뭔가 기존의 가치체계를 바꾸고자 했던 것이자 전통적으로 정의되었던 진리나 아름다움, 실제와 환상에 대한 개념에 대한 도전이었다. 이전 시대에서 가치 있다고 여겨진 것들과 반대되는 것들도 동일한 가치가 있다는 것이다. 그는 거기에 필요한 형식이 무조성과 불협화음으로 특징되는 음악이라고 보았다. 그에 의하면 더 이상 아름다운 음과 소음은 차이 있는 게 아니다. 다만, 존재하는 모든 것은 의미가 있고, 모두가 다 가치가 있다. 무조성, 해결할 필요를 갖지 않는 불협화음은 그런 정신을 표현하는 데 적합한 방식으로 여겨져서 쇤베르크에 의해 구체화 되었다.[60)]

이러한 경향은 급속도로 전파되어서 쇤베르크의 제자이기도 했던 미국의 유명한 현대음악가 「존 케이지」(Jone Cage, 1912-1992)의 작품들에서 더욱 특색 있게 나타난다. 그의 "4분 33초"(1952)라는 작품은 악기의 종류나 수를 묻지 않고 오직 소리를 내지 않게 하라는 지시가 있을 뿐이어서, 연주자는 무대 위에 올라와서 4분

---

60) 「Arnold Schönberg - 달에 홀린 피에로」, 2015. 11. 15. https://www.youtube.com/watch?v=F6nyy7G9MDA.

33초 동안 아무 연주도 하지 않다가 시간되면 내려와 버린다.[61] 또 "prepared piano"[1943]는 보통의 피아노의 현 사이에 이물질을 장치하여 음질을 변화시킨 것이다. 피아노 자체를 변형시켜 놓은 상태에서 연주하라는 것이다.[62] 또 그는 연주자의 예측을 불허하는 기계적 지휘자를 고안했는가 하면, 한꺼번에 두 사람의 지휘자를 세워놓고 서로 상대편을 보지 못하도록 한 후에 동시에 지휘하도록 하는 등의 작품을 작곡했다. 이때 사람들이 듣기에는 케이지의 음악으로부터 흘러나온 것이 소음과 혼란 혹은 전적인 침묵 외에 아무것도 아니었지만, 이 모든 것이 전래되어 온 그 동안의 다른 모든 가치와 동등한 가치를 지니고 있다는 생각과, 또 전에 없던 새로운 가치 기준을 제시하였다는 점에서 현대음악의 대표적인 음악가로 경의를 표하고 있다. 게다가 현대는 음악의 생명력을 동양의 음악에서 얻으려 하고 있다.[63] 우상숭배와 미신과 종교적 신비주의에 사용되었던 동양의 신비한 음악을 서양 현

---

61) 「John Cage's 4'33"」, 2010. 12. 15. https://www.youtube.com/watch?v=JTEFKFiXSx4.
62) 「John Cage - Sonata II (from Sonatas and Interludes) - Inara Ferreira, prepared piano」, 2012. 8. 31. https://www.youtube.com/watch?v=xObkMpQqUyU
63) Reginald Smith Brindle, 새로운 음악, 김동주 옮김 (서울 : 도서출판 작은우리, 1991), p. 340.

대음악의 소재로 사용하려는 것이다.[64]

이와 같은 원리는 비단 음악만이 아니라 다른 분야에서도 시대를 사로잡는 가치기준으로 여겨지고 있다. 세계적인 비디오 아티스트로 널리 알려진 「백남준」이 뒤셀도르프의 갤러리 22에서 「존 케이지에 대한 오마주」(Homage a John Cage)를 초연하며, 공연 중에 바이올린을 내리쳐 부수는 해프닝을 보여주었던 것은 「존 케이지」에 대한 무한한 존경의 표시였다.[65]

이러한 모습은 현대음악이 최고의 가치로 내세우고 있는 것이 무엇보다 이전 세대와는 달리 '창작' 그 자체뿐임을 의미한다. 현대음악은 "소리와 침묵이 동등하다, 질서와 혼돈이 동등하다, 꿈과 현실이 다르지 않다, 모든 가치와 무가치가 구별이 없으며, 존재하는 모든 것은 가치있다"고 주장한다. 절대 기준이 없는 것이다.

---

64) Milo Wold & Edmund Cykler, 서양음악발달사, 허방자 옮김 (서울 : 삼호출판사, 1992), p. 248.
65) 두산백과, 「백남준」, https://terms.naver.com/entry.nhn?docId=1167715&ref=y&cid=40942&categoryId=34387

4. 음악에서 인간을 위한 자리도 없어짐

그렇게 이전 세대가 지켜 오던 절대 기준을 무너뜨리자 한 가지 뚜렷한 현상이 나타났다. 그건 이제 음악에서 인간을 위한 자리도 없어져버렸다는 사실이다. 음악사가들이 그렇게 평가하고 있다. 낭만주의가 하나님을 위한 자리를 음악에서 없앤 것처럼 현대음악 자체는 이제 사람을 위한 자리도 남겨두지 않았다는 것이다. 현대적이라고 인정받는 음악은 더 이상 사람의 감정도 문제삼지 않는다. 피아노를 아름답게 치는 것보다 그 피아노를 도끼로 부수는 것이 보다 더 현대적이고 훌륭한 연주회라고 인정받을 수 있는 시대이다. 모든 것이 옳다고 하고 모든 것이 가치 있는 것이라고 한다. 여기엔 도덕도 윤리도 없다. 그저 존재하는 모든 것이 다 가치 있다는 무서운 철학이 깔려있을 뿐이다. 하나님께 어떻게 올려드려야 하는가를 고민하면서 음악을 만들려고 했던 시절은 이미 지나간 지 오래지만, 20세기는 듣는 사람의 정서에 미칠 영향이 어떨지에 대해서도 고민하기를 거절하는 시대가 되었다. 최고의 가치는 작곡자가 창작했다는 사실 자체에 있다. 그것은 자연스럽게 음악이 사람을 위한다는 목적도 희미해지게 하였다. 현대음악은 다른 사람의 감정까지도 음악이 위하고 고려해야 할 대상에서 제외시켜버린 것이다. 이것이 현대음악의 현주소이다. 모든 것이 가치있다고 하니까 모든 것이 다 가치가 없어져버린 것이다. 예술은 아름다움을 추구해야 한다는 이전 세대의 가치관을 거부하며 추하고 불쾌하고 혐오스러운 것도 예술일 수 있다고 주장하게 되었다. 다른 분야이지만 「마르셀 뒤샹」이 1917년에 화장실에 설치되어 있는 것과 똑같은 소변기를 <샘>이라는 제목으로 전시하면서 '사랑스러움은 중요하지 않다'는 의미를 나타내려고 했던 것처럼[66], 음악도 이제 다른 사람의 감정을 아름다움으로 이끌어 호감을 받아내려고 노력하지 않아도 되는 시대가 된 것이다. 무엇이 되었든 그저 내가 나타내고 싶은 것을 표현하려고 하는 그 자체에 가치를 두다보니 다른 사람의 감정을 위한다는 목적이 점점 희미해지게 되었다.

사실 하나님을 절대기준으로 두지 않는 세상의 모든 것은 반드시 이러한 결론을 맞이할 수밖에 없다. 절대 기준이 사라져버리니까 모든 인간이 각자 자기가 기준이 되고, 자기가 신이 되어 모든 것을 자기 원하는 대로 하려고 하기 때문이다. 내가 하는 일

---

[66] Arthur C. Danto, 미를 욕보이다, 김한영 옮김 (서울 : 바다출판사, 2017), p. 51.

이 무슨 일이 되었든 어느 누구도 내가 하는 일에 간섭할 수 없으며, 있는 그대로 듣고 봐줘야 하며, 또 그렇지 않다고 해도 상관하지 않는다는 논리다. 엄밀히 말하면 다른 사람의 감정이나 평가 따위는 개의치 않겠다는 자세이다.

정리하자면, 현대음악은 기존의 가치체계를 붕괴하려는 이념을 표현하고자 그만의 독특한 형식을 창출한 음악이다. 그것은 과거의 음악에 비해 너무도 근본적으로 다르고 또한 그 자체가 다양하며 넓은 범위에 걸쳐 있어서 한마디로 정의할 수는 없을 것이나,[67] 이런 현대음악이 우리에게 한 가지 뚜렷이 알려주는 사실은 앞에서 말했던 것처럼, 소리와 침묵이 동등하고, 질서와 혼돈이 동등하고, 모든 가치와 무가치가 구별이 없으며, 존재하는 모든 것은 가치 있다고 하는 것이다. 더 이상 아름다운 음과 소음은 차이 있는 게 아니다. 이는 도덕과 부도덕이 동등하고, 아름다움과 추함이 동등하고, 창조와 우연이 동등하고, 합리와 불합리가 동등하다는 가치를 표방하는 현대의 주장에 다름아니다. 절대적 기준이 있을 수 없는, 다만 존재하는 그것은 모두 아름답

---

[67] Eric Salzman, 20세기 음악사, 조응순 옮김 (경남 : 영남대학교출판부, 1992), p. 9.

다는 식의 논리로 만들어지는 것이다. 그래서 이들 작품은 확실히 난해하고 낭만주의가 하나님을 위한 자리를 음악에서 없앤 것처럼 현대음악은 이제 사람을 위한 자리도 두지 않았다고 할 수 있다. 우리는 현대음악이 이와 같은 시대정신으로 만들어졌다는 사실을 기억하며 현대작곡가들의 음악을 고려해야 할 것이다.

대체로 이런 내용을 중심으로 진행되어 온 서양음악사의 각 시대별 대표적인 특징을 모아보면 이렇다.

시대별 음악정신의 특징

그레고리안 성가		하나님 예배
세속음악의 출현		귀부인의 등장
아르스 노바		교회음악과 세속음악을 동시에 만듦
르네상스	교회	미사곡에 세속적인 선율 사용
	세속	음악이 중요한 오락수단이 됨
바로크	교회	예수 그리스도 중심
	세속	오페라의 출현
고전주의		대중의 상품
낭만주의		하나님을 위한 자리가 없어짐
현대		기존 가치체계를 부정. 음악에서 인간을 위한 자리도 없어짐
오늘날 ?		죄를 찬양하는 지경

2장 찬송에 합당한 음악을 위한 음악사의 고찰

물론 어느 시대든 여러 다른 의미를 가진 작곡가들도 있었다. 하지만 앞에서 언급한 대표적인 작곡가들은 그 시대의 정신과 문화를 대표하는 자이거나 혹은 다수가 동의하는 그런 정신을 가진 자라 할 수 있다. 지금도 그레고리안 성가를 부르는 자들이 있지만 그들이 이 시대의 보편적이거나 대표적이라 할 수는 없다. 그런 식으로 이해해야 한다. 음악 역사 속에서 교회음악과 세속음악이 각 시대마다 차지했던 비중이 뚜렷이 대조되는데, 도표로 그려보면 다음과 같다.

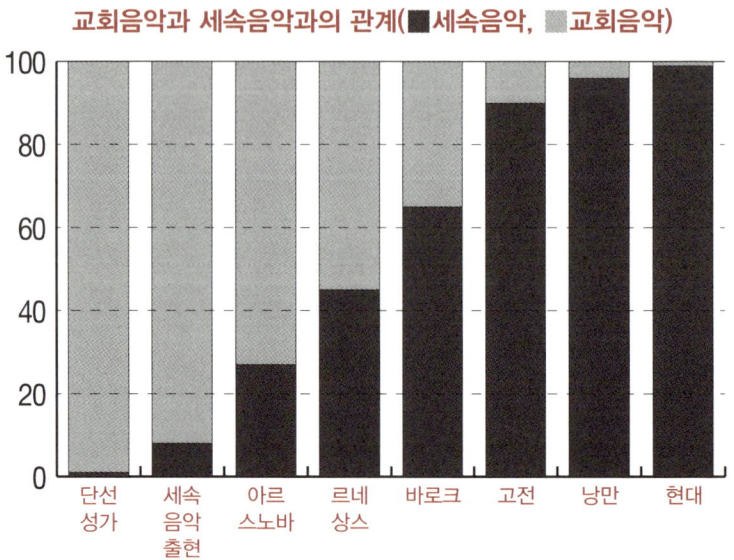

처음에는 전적으로 하나님을 위한다는 정신으로 시작했다가 1200년경에 사람을 위한다는 세속음악이 음악역사에 들어오더니 시대가 갈수록 세력을 더해가고, 하나님을 위한다는 특성은 점점 사라지고 있는 것을 볼 수 있다. 그러다가 1900년 이후에는 사람의 마음을 위한다는 목적도 사라지고 결국 무엇을 위한다는 의미를 찾으려는 것 자체가 무의미하게 되어버리고 말았다. 우리 그리스도인의 입장에서 보자면 음악의 역사는 세속화를 향한 추락이 계속된 역사라 할 수 있다. 그나마 종교개혁의 영향으로 바로크 시대에 예수 그리스도 중심의 복된 교회음악이 활발히 창작되었다는 사실이 큰 위안일 뿐이다.

노래 위의 노래

3장

현대음악 이후 CCM까지

3장
현대음악 이후 CCM까지

지금까지 서양음악사에 대해 간단하게 살펴보았지만, 우리의 목적은 서양 음악사를 아는 그 자체가 아니다. 우리의 관심은 음악에 대한 조금 더 폭넓은 이해를 바탕으로 찬송에 사용될 음악을 선택하는 일을 돕는 데 있다. 현재 교회 안에 널리 퍼져 있는 음악이 그동안 흘러왔던 서양음악의 물줄기를 고스란히 이어받고 있다는 사실은 음악의 역사를 이와 같이 살펴보는 작업을 의미 있게 한다. 그리고 현재 교회음악은 결코 이러한 음악사의 물줄기와 무관하지 않다. 오히려 현대음악의 정신을 표출하는 데 사용되던 음악이 내용물만 바꿔 교회 안에 자리잡은 모양새다.

(VII) 로큰롤

그 과정을 추적하려고 할 때 먼저 살펴봐야 할 음악양식이 로큰롤이다. 로큰롤은 현대음악의 정신을 대중들에게 널리 전파하였을 뿐만 아니라 현대 예배 음악의 모체가 되었기 때문이다.

앞서 얘기했던 현대음악의 정신을 20세기 중반에 들어서면서 강렬한 전자음과 강한 비트로 상징되는 로큰롤이 이어받는다. 이전 세대의 가치관을 부정하고, 하나님이나 절대진리 같은 것은 없고, 오직 내가 하고 싶은 것이면 얼마든지 해도 된다는 정신이 고스란히 음악에 반영되어 대중들의 호응을 얻은 음악이 로큰롤이다. 초기 로큰롤 주자였던 1970년대 '그랜드 펑크 밴드'의 도니 브루어는 다음과 같이 말한다.

> "우리는 아이들을 부모들과 환경으로부터 뺏어서 오로지 리듬과 비트만이 현실인 곳으로 데려간다"[1]

---

1) 「사탄의 음악과 좋은음악의 경계와 차이점, 음악의 변질과정,방법,구별법소개, 음악으로 음란과 범죄를 일으킨다?」, 2015. 2. 8. https://www.youtube.com/

리듬과 비트만으로 청소년들의 마음에 반항심을 키워주어 부모나 기존의 사회 질서를 거부하고 자신들이 하고 싶은 대로 살게 한다는 것이다. 자녀들이 부모를 공경하면서 자기 삶의 즐거움을 찾을 수 있도록 도우려 하기는커녕 아예 부모 세대를 조롱하면서 그들과 멀어지더라도 뭐든지 자기 마음대로 해도 된다는 의식을 심어줄 수 있는 힘이 리듬과 비트에 있다는 말이다. 기존 질서와 가치체계에 대한 반항정신을 표출할 수 있는 하나의 효율적인 방편으로 공공연히 로큰롤을 사용하고 있다.

또 그룹 '젠 앤 딘'의 젠은 다음과 같은 말로 자기 음악의 목적을 이야기한다.

"락음악의 고동치는 비트는 청소년 청중에게 필수적인 성적 해방감을 준다"[2]

청소년들이 성적 범죄를 죄악시하고 절제하는 가운데 주님 앞에서 아름다운 교제를 갖도록 인도하기보다 오히려 죄를 즐기

---

watch?v=8uo2kuFe8d0&index.
2) Eric Salzman, p.9.

도록 도우려는 목적으로 음악을 사용하려는 것이 리듬과 비트가 강한 로큰롤이 가진 정신이라는 것이다. 단순히 기성세대에 대한 반항심만이 아니라 그 안에는 이처럼 기독교에 대한 반항심도 배어 있음을 볼 수 있다. 기독교가 죄라고 칭했던 것까지도 이제는 죄가 아니요, 마음대로 해도 되는 즐거운 일이라는 인식을 심어주려는 목적으로 로큰롤을 사용한 것이다. 그런 점에서 로큰롤은 현대음악의 정신이 기존의 가치와 질서를 거부하려 했던 것을 넘어 하나님과 윤리 문제까지 확산시킨 음악형식이라 할 수 있다. 기독교인의 입장으로 보면 그저 공공연히 죄를 즐기는 일임에도 불구하고 오히려 그것이 사람들에게 주어진 일종의 해방이고 자유라고 생각하게 하는 목적으로 사용되었던 것이다. 초기의 로큰롤은 그 음악적 표현이 지금처럼 자극적이지 않았음에도 불구하고 이미 그와 같이 반항심과 기존 가치 부정이라는 목적을 성공적으로 수행하고 있었다. 그건 오늘날 유행하는 대중음악들이 그렇게 선정적이고 쾌락주의가 된 사실을 통해서도 확인할 수 있다. 초기 로큰롤의 정신이 더욱 깊이 대중음악 안으로 스며든 것이다.

다른 나라에서 그동안 유행해왔던 대중음악은 차치하고서

라도, 우리나라에서 한때 세계적으로 히트되었던 음악의 내용을 살펴보면 이런 문제가 얼마나 이 시대의 핵심적인 사안인가를 알 수 있다. 2019년 2월 현재, 전 세계에서 33억 번 가까이 그의 음악을 클릭해서 들었거나 다운받았다는, 세계적으로 유명해진 우리나라 가수의 '강남스타일'이 대표적인 곡이다. 그 가사 중 일부분만 살펴보면,

'... 정숙해 보이지만 놀 땐 노는 여자

이때다 싶으면 묶었던 머리 푸는 여자

가렸지만 웬만한 노출보다 야한 여자 그런 감각적인 여자

나는 사나이

점잖아 보이지만 놀 땐 노는 사나이

때가 되면 완전 미쳐버리는 사나이

근육보다 사상이 울퉁불퉁한 사나이

그런 사나이

아름다워 사랑스러워

그래 너 hey 그래 바로 너 hey ...

지금부터 갈 데까지 가볼까 .....'

술집에서 밤새 술 마시면서 춤추고 노는 장면을 노래하며 쾌락의 끝을 향해 달려가자는 이런 음악의 정신을 과연 뭐라고 할 수 있을까? 기독교에서는 이런 내용을 '음란'이라고 한다. 현란한 음악적 장치를 사용하여 그 많은 사람들에게 육체적 쾌락을 단순히 즐거운 일로 삼을 수 있도록 조장하고 있다. 우리 기독교인의 입장에서 보면 죄를 찬양하는 것에 다름아니지만, 이제 세상은 이런 음악을 인기 있는 대중음악으로 인정하고 즐기는 시대가 되었다. 사람들이 이 노래를 33억 번이나 찾아서 들었다는 사실은, 세상은 다른 어떤 음악보다 이런 노래를 더 즐거워하고, 또 계속해서 찾고 있으며, 또한 음란한 문화에 대한 경계심이 없어지고 그저 즐길 수 있는 무엇으로 여기게 된 자들이 그만큼 많아졌다는 뜻이다.

하나님을 향한 목적으로만 만들어지던 음악이 1,500여 년이 지난 지금은 이처럼 죄를 찬양하는 목적으로 사용되고 있어도 아무런 문제의식을 갖지 못하는 시대가 된 것이다. 요즘 세상의 유행을 선도하는 가수들의 노래나 옷차림, 또는 뮤직비디오 등이 대개 이런 경향을 벗어나지 못하고 있다는 점은 사람들이 기독교가 말하는 죄를 죄로 생각하지 않고 오히려 음란과 죄를 기뻐한다는 의미이다. 당연히 세상은 그런 것에 대해 아무런 의식이 없다. 마음까지 거룩해야 한다는 기독교적 윤리의식을 결코 기대할 수조차 없다.

하나님을 찬양하는 것으로 출발한 음악이 이제 죄를 찬양하는 것으로 바뀌었다. 그런 정신을 담는 데 제일 유용하게 사용된 음악이 록음악이다. 로큰롤에 담긴 반항적인 음악정신은 결국 '왜 하나님이 정해 놓은 기준을 우리가 따라야 하느냐? 우리는 우리 마음이 원하는 대로 즐길 권한이 있다. 우린 이런 것을 죄라고 생각하지 않는다. 단지 즐기는 것뿐이다.' 이렇게 말하는 것이라 할 수 있다. 그것이 사실 우리 시대의 음악에 담긴 대표적인 정신이다.

(VIII) 초기 CCM의 철학

　세상이 무엇을 좋아하든, 죄를 어떻게 생각하든 그건 우리 기독교가 관여할 수 없다. 관여해도 따르지 않겠지만 하나님을 성경대로 인정하지 않는 자들에 대해 기독교의 윤리개념을 따르라고 할 수는 없는 법이다. 하지만 그런 정신이 기독교를 잠식하게 내버려두면 안 된다. 그런데 놀랍게도 로큰롤의 정신이 교회로 들어와 널리 퍼져 있다. 그 일을 주도한 것이 바로 CCM(Contemporary Christian Music)이다.

　그 점은 CCM의 대중화를 이루는 데 큰 영향을 끼쳤던 '래리 노만'의 말에서 확인된다. 40년 넘게 CCM에 대해 관찰하고 정리해 온 '데이빗 클라우드'에 의하면, '래리 노만'은 1969년에 "왜 좋은 음악은 전부 악마가 가져야 하는가?"라는 구호 아래 「JESUS ROCK」이라는 새로운 내용의 로큰롤을 가지고 등장했고 1975년도에는 로큰롤을 옹호하면서 이렇게 말하였다.

> '나는 내가 듣고 싶은 음악은 무엇이든 들을 것이다. 나는 내가 원하는 대로 옷을 입을 것이다. 아무도 나를 판단하지 못할 것이다.'[3]

기성 교회가 어떤 음악을 했든지 상관하지 않고 나는 내가 원하는 음악을 할 것이며, 옷도 내 마음대로 입을 것이다, 누구도 나를 그동안 교회가 가져왔던 복장개념 같은 것으로 판단할 수 없다는 말이다. 더 나아가 이렇게 말한다.

> '그냥 내게 비트가 있는 음악을 달라. 그냥 내게 내 발을 움직이게 만드는 음악을 달라. 나는 장송곡들은 좋아하지 않는다'

여기서 그가 말하는 장송곡은 전통적 찬송가들을 말한다. 그는 이전의 찬송가를 장송곡으로 치부하여 거부하고 자기를 춤추게 만들 노래를 요구하고 있다. 기존의 가치를 부인하고 새로운 것을 창출하는 것에 가치를 두려 했던 현대음악의 정신과 정확하

---

3) 「현대예배음악(CCM)의 진실」, 2015. 9. 12. https://www.youtube.com/watch?v=Rwp0xDGzAi0&index.

게 일치하는 발언이다.

　이처럼 교회 안에서 사용되는 음악에서도 기존의 가치체계나 음악 형식을 인정하지 않고 오직 내가 하고 싶은 것을 해야 한다는 자세가 드러난다는 점에서 CCM의 정신은 현대음악의 정신을 계승한 로큰롤의 정신과 정확히 똑같다. 시간이 흐르면서 현대음악이 추구한 정신이 교회음악이라는 분야에서도 외형을 달리하여 구현되고 있는 것이다.

　바로 이런 정신으로 로큰롤에 기초한 초기 CCM이 만들어지고 불려졌다. 다시 말해 '내가 하고 싶은 것이 최고다, 누구도 이걸 방해할 수 없다. 기존의 찬송가는 지금 세대의 교인들이 부르기에는 그저 따분한 장송곡과 같을 뿐이다. 우리는 이 시대가 요구하는 새로운 음악을 만들고 부를 권한이 있다'는 기치 아래 창작된 CCM이 교회 안에서 기존의 찬송음악을 대신하기 시작한 것이다.

로니 프리스비와 갈보리 채플

　이런 철학을 갖고 있는 CCM이 교회에 들어오게 된 경위도 놀랍다. CCM이 교회 안에서조차 주된 음악적 도구로 사용되게 된 데는 '로니 프리스비'와 깊은 연관이 있다.

히피이자 마약중독자였고 동성연애자였던 로니 프리스비가 마약에 취해 갈보리 채플로 처음 찾아왔을 때 담임 목사로 있던 척 스미스는 그를 즉시 받아들였고, 그를 통해서 많은 히피들이 교회로 몰려 왔다. 그들은 교회를 다니면서도 이전의 차림새와 방탕한 삶, 기존의 가치에 저항하는 정신을 그대로 유지하고 사는 것에 대해 아무런 제재를 받지 않았다. 그런 점에 대해 매력을 느끼게 된 히피들이 태평양 연안에서 대거 한꺼번에 세례받는 모습은 당시 뉴스거리가 될 정도로 유명했고, 갈보리 채플의 성장의 역사로 한 면을 장식하고 있다. 또한 로니 프리스비는 은사집회를 주도한 자로 유명하였으며, 그런 이유에서인지 처음에 그가 갈보리 채플을 찾았을 당시 이삼십 명 정도의 작은 교회가 그가 참여한 뒤로 빠르게 규모가 커갔고, 나중에는 빈야드 운동에도 참여해서 거기에 소속된 단체의 교회들도 대형화 되게 하는데 지대한 영향을 끼쳤다고 알려진다. 하지만 그는 주일엔 그처럼 은사집회를 주관하면서도 여전히 토요일 밤엔 광란의 파티를 즐기고, 마약과 동성연애를 끊지 않고 살다가 마흔 세 살에 에이즈로 죽는다.

    이 사람이 갈보리 채플에서 터무니없는 은사주의적 활동을 하면서 교회에 도입한 음악이 바로 로큰롤의 정신과 형식을 따른 CCM이다. 그것이 비록 그동안 불러왔던 교회의 찬송가와 정서상 많이 달랐음에도 불구하고, 또한 그 음악을 주도한 자가 이처럼 전통적인 기독교인의 모습에 비하면 바람직하지 못함에도 불구하고 그들 특유의 다른 사람들의 의견을 무시하는 성향과, 그렇게 하니 사람들이 많이 몰려든다는 눈앞의 결과에 의해 CCM은 갈보리 채플에서 용인된 음악형식이 되었다. 후에는 갈보리 채플에서 그런 음악을 주도하는 그룹이 10개나 될 정도로 커지게 된다. 이러한 음악이 빠르게 1980년대 초반부터 한국교회에 복음성가라는 형태로 소개되었고, 이제는 한국교회의 주일학교나 청년들 예배에서는 빠질 수 없는 교회음악으로 자리 잡게 되었다. 거의 모든 교회의 주일학교나 학생들 예배에는 성가대가 사라지고 밴드가 찬송을 주도하는 형식이 주류를 이루고 있는 형편이다. 어느 교회에서고 기존의 성가대같은 조직 대신, 찬양팀이 구성되어 드럼이나 전자기타 등으로 교회음악을 인도하는 모습을 따르고 있다. 아마도 시간이 갈수록 그 정도에 있어서는 로큰롤을 더욱 심하게 닮아가는 형식이 될 것이다. 교회에서 주최하는 찬송집회는 록 콘서트장의 분위기와 너무 닮아 있다. 최근에 보수적이라 하는 어느 교단 중고등부 연합수련회에 참여할 기회가 있었는데, 거기서 목격한 장면은 충격적이었다. 물론 인도자의 의식이 제일 큰 문제였지만 그로 인해 심각하게 나타난 현실은 아이들 수십 명이 현란한 키보드와 드럼소리에 맞춰 어깨동무를 하고 방방 뛰는 모습이었다. 그 중에 어떤 아이는 머리를 미친 듯이 흔드는 소위 '헤드뱅잉'을 시도하는 모습도 보였다. 록 콘서트장에서 하는 것을 그대로 따라하는 것이다. 그들은 그것을 찬송을 드리는 행위로 여겼다. 그들에게 기존의 찬송가는 장송곡 그 자체였다. 로니 프리스비와 척 스미스의 갈보리 채플에서 시작된 록음악이 한국교회의 청소년들까지 이렇게 사로잡아버린 것이다. 조그마한 눈덩이가 내리막길을 만나면 나중에 걷잡을 수 없이 커져버리는 것처럼 시간이 갈수록 이러한 현상은 심해질 것이다.

실제로 갈보리 채플에서도 그런 일이 있었다. 갈보리 채플의 초기 CCM 그룹 "Childrens of the day"의 일원이었던 마샤 스티븐스(Marsha Stevens)의 경우다. 그가 부른 "For Those Tears I

Died"(그 눈물들을 위해 내가 죽었노라)라는 곡은 초창기 CCM 중 유명한 곡이고 한국교회에서도 널리 알려졌으며, 지금도 간간이 불리는 곡이다. 갈보리 채플에서 부드러운 음성으로 그 복음송을 노래하던 청소년은 나중에 결혼한 지 7년 만에 이혼하고 동성애자가 되어 동성결혼을 거행한다. 이 여인의 성향 또한 크게 바뀌어서 2005년에 동성애자들로 구성된 기독교인들의 집회에서 노래를 부를 때는, 스스로를 뱀이라고 규정지으며 하나님은 동성애자로 남고 싶은 자신들을 있는 그대로 받아줘야 한다는 내용의 노래를 특유의 로큰롤 형식에 담아 부르고 있다. 이 여인도 로니 프리스비처럼 구원받기 위해 동성애를 버리려고 하지 않고 동성애가 죄라는 기독교 고유의 의식에 반항하며 오히려 동성애자 신분을 그대로 유지하면서 구원받을 수 있다고 생각하고 엄연히 십자가가 걸려 있는 곳에서 그런 노래를 부른 것이다. 로큰롤이 그런 메시지를 담는 데 유용하게 사용되었다. 로큰롤은 춤을 추게도 할 수 있고, 헤드뱅잉을 하게도 할 수 있다. 사람의 감정을 쉽게 폭발시키고, 이처럼 동성애를 요구하는 메시지도 담을 수 있다. 그것을 현대 예배 음악이라는 이름을 빌려 십자가 앞에서 "찬송"과 구별 없이 부르고 있는 것이다.

현대 교회에 널리 퍼진, 특히 청년들이나 학생들을 사로잡고 있는 CCM은 이처럼 현대음악의 정신을 그대로 이어받은 로큰롤의 음악형식을 교회로 끌어들인 것으로부터 시작되었다. 이런 사실은 성도들이 아름답기도 하고 거룩하기도 한 음악을 찾아 하나님께 "찬미의 제사"를 드려야 한다는 본연의 임무를 어떻게 올바르게 조화시킬 수 있는지를 고민하게 하는 현상이 아닐 수 없다. CCM이 가진 철학이나 시작된 경위, 갖고 있는 음악적 정서가 수천 년 이어온 기독교의 본질과는 너무도 다르기 때문이다. 찬송의 의미나 그 방식에 대해 성경이 말씀하시는 내용을 제쳐놓더라도, CCM 자체만 이렇게 살펴봐도 교회가 결코 넋 놓고 받아들일 수 없는 것임을 알 수 있다. 하지만 많은 교회들이 이런 음악을 도입하는 일에 참으로 너그럽다.

노래 위의 노래

4장

그러면 우리는
어떻게 해야 하는가?

4장

그러면 우리는
어떻게 해야 하는가?

　이상이 내용적으로 살펴본 서양음악사의 흐름이다. 지금까지 우리는 아주 간략하게나마 어떤 시대에, 어떤 정신을 가지고, 어떤 목적을 위해 만들었는가에 따라 음악이 크게 달라지는 것을 봤다. 시대와 음악마다 그것에 깃들어 있는 어떤 정신이나 의미가 있다. 그에 따라 사용하는 악기나 화음이나 소리가 다 다르기 마련이다. 그리고 우리 그리스도인의 입장에서 보자면 음악의 역사는 아쉽게도 무서운 타락과 변질의 낭떠러지로 추락해가는 과정임을 알 수 있었다. 그럼에도 불구하고 오늘날 찬송이라고 이름 붙인 곡에 쓰이는 음악은 그 절망적인 수준으로 떨어진 현대의 대중음악에서 얻어 쓰고 있는 형편이다.

그렇다고 무조건 현대의 것을 배제하고 옛것만 사용하자는 주장도 설득력이 없다. 우리 시대는 우리 시대 대로 하나님께 드릴 만한 제물로서의 음악을 찾아야 한다. 이런 현실에 대해 모든 그리스도인이 함께 고민하고 길을 찾아볼 필요가 있다.

그러면 우리는 어떻게 해야 하는가? 지금까지의 논의를 바탕으로 찬송에 임하는 자세에 대해 얘기하자면, 기본적으로 다음 세 가지를 들 수 있다.

1. 말씀이 우선이다.

첫 번째로, 찬송에 대한 고민을 얘기하고는 있지만 엄밀히 말하면 이 문제는 말씀에 대한 자세가 우선이다. 말씀에 대한 동일한 믿음이 아니면, 성경의 하나님에 대한 공통된 지식과 동일한 신앙이 없으면 찬송은 결코 모든 교회가 함께 부를 수 있는 찬송이 될 수 없다. 말씀에 대한 관점, 혹은 자세가 어떠한가에 따라 삶, 기도, 의식 등 모든 것이 정해지기 마련인 것처럼 찬송도 마찬가지이다. 한 교회나 한 성도의 찬송에 대한 자세는 그가 아는 말씀의 지식, 혹은 그가 말씀을 통해 갖게 된 하나님 지식에 비례한다. 그가 하나님을 어떻게 아느냐에 따라 부르는 찬송도 달라지게 되어 있는 것이다. 찬송에 합당한 음악을 선택하는 일은 단순히 음악적 문제만은 아니다. 근본적으로 신학적 문제이다. 같은 성경을 펴 놓고도 각자가 이해하고 믿는 하나님이 서로 다르면, 찬송에 대한 생각도 다르게 되며, 필요한 음악도 서로 달라질 수밖에 없기 때문이다. 많은 사람들이 찬송을 각자 나름대로 정의하고 부르는 일에 열심을 내고 있는 현실은 그래서 말씀에 대한 동일한 이해와 믿음이 아니면 해결될 수 없는 문제이다. 성경의 하나님에 대한 인식이 같아지지 않는 한 찬송의 음악도 결코 통일되지 않을 것이다. 찬송을 위한 첫 발걸음은 음악이 아니라 말씀이어야 한다. 음악보다 말씀에 대한 묵상이 앞서야 하고, 더 깊어지고 진실해져야 한다. 그렇지 않으면 자신들은 하나님을 위한다고 하지만 실제로는 하나님을 대적하는 것이 되고 말았던 유대인들의 잘못을 답습하는 것이다.

"내가 증거하노니 저희가 하나님께 열심이 있으나 지식을 좇은 것이 아니라 하나님의 의를 모르고 자기 의를 세우려고 힘써 하나님의 의를 복종치 아니하였느니라"(롬 10:2-3).

하나님을 향한 열심에서 누구보다 열심히 의를 이루고자 노력하였으나 참된 지식을 따른 것이 아니었을 때, 그것은 오히려 하나님께 불순종하는 결과를 가져왔다는 지적이다. 찬송에 대한 열정도 마찬가지다. 찬송과 관련하여 같은 불행을 겪지 않기 위해서 모든 성도는 우선 하나님의 말씀을 절대적으로 우위에 놓아야 한다. 성경이 말씀하시는 찬송에 대해 먼저 알고 그 찬송을 받으실 하나님께 드리기에 합당한 찬송을 만들고 불러야 한다. 음악에 대한 열심만 가지고는 절대적으로 부족하다. 개인적 취향도 말씀 앞에서 내려놓아야 한다. 말씀이 앞서지 않으면 그 어떤 신앙행위도 올바르게 이루어질 수 없다. 하나님을 향한 열정을 음악으로 바치려는 그 마음은 이해하지만 성도의 모든 열정은 항상 말씀의 지도를 받아야 한다.

그러나 많은 사람들이 오늘날에 유행하는 찬송의 음악을 채택하는 이유는 아쉽게도 성경의 가르침에 복종하려는 것이 우선적인 고려사항이 아니다. 찬송이 성경에서 지지하는 방식으로 이루어졌는가 하는 것보다 얼마나 더 많은 교인들이 이 음악에 호감을 보이느냐 하는 사실이 그 교회가 찬송의 음악을 선택하는 이유가 된다. 그건 찬송의 기본인 하나님께 드리는 제사의 일종이라는 정신을 외면한 결과다. 하지만 이런 원칙이 현재 많은 교회들에서 행해지고 있다. 그들은 주로 "아이들이 좋아한다", "요즘 유행하는 것이다", "음악 전문가가 하자고 한 것이다", "더 많은 사람들이 좋아한다", 이런 이유들을 내세워 록음악이나 그들이 사용하는 악기를 큰 고민 없이 교회 안으로 도입하는 데 앞장서고 있다.

하지만 우리는 개인의 취향이나 대중의 환심을 사려는 음악이 아니라 찬송의 예물을 위한 음악을 찾는 자들이다. 그리고 하나님은 분명히 찬송이 어떻게 제물의 원리로 드려져야 하는지를 알려주셨다. 우리는 찬송을 위해서도 말씀을 더욱 연구하고, 묵상해야 한다. 음악에 대한 연구 이전에 말씀을 통해 하나님을 더 많이 배우고, 더 진실로 경외해야 한다.

2. 옛 찬송 음악의 계승과 발굴

두 번째는, 이전 역사 속에 나타났던 찬송에 합당한 음악을 발굴하고 계승해야 한다. 다른 모든 점에서도 마찬가지이지만 음악에 있어서도 이전 역사를 무시하는 것만큼 어리석은 일은 없다. 과거와 완전히 단절하고 현재의 것만 고집하는 것은 과거의 것만 고집하는 것만큼 어리석은 일이다. 오늘날 교회 안에는 과거 교회 역사 속에 있었던 좋은 찬송을 찾아 부르는 일에 대한 많은 거부감들이 있다. 하지만 그것은 현대음악의 정신을 고스란히 이어받은 현대 대중음악의 주장을 무의식중에 따르는 것에 다름 아니다. 우리는 오히려 이전의 교회 역사 속에 아름답고 거룩하게 드려졌던 찬송을 구별하여 오늘날에도 얼마든지 부를 수 있다는 생각을 가져야 한다. 특히 찬송을 주도하는 자들은 성경공부 못지않게 음악 역사에 대한 연구도 반드시 함께 해야 한다. 현재 유행하는 음악만 선호하는 경향에서 벗어나 역사적으로 어떤 정신이 어떤 음악형식으로 사용되었는지, 어떤 음악이 하나님께 올려 드리기에 합당하다고 여겨지는지, 그 동안 교회가 이루어 왔던 찬송의 역사를 존중하는 자세로 살펴보고, 찬송의 정신에 합당한 찬송이라면 옛 것이라도 얼마든지 사용할 수 있다는 생각을 가져야 한다. 하나님께 드릴 제물을 위해 그 정도 수고는 당연하지 않은가?

　교회 역사 속에서 아름답게 사용되고 그 가치를 인정받은 것이면서 오늘날 성도들이 함께 부를 수 있는 찬송음악이 있다. 교회음악 역사 속에서 우리는 보물을 얻을 수 있다. 그런 것들을 가져오는 일을 주저할 필요는 없다. 하나님을 찬양하는 일에 필요하다면 그레고리안 성가의 음률까지도 얼마든지 사용할 수 있다는 생각을 가져야 한다. 현재 사용하는 찬송가 중에도 그레고리안 성가의 음률을 채택한 '주 달려 죽은 십자가 우리가 생각할 때에'라는 곡처럼 훌륭하게 찬송의 정신을 드러내는 옛것이 있다. 그와 같은 음악을 각 시대별로 발굴하고 제물로 합당한 찬송을 찾아내 모두가 함께 부르는 것은 찬송을 주도하는 모든 성도들과 특히 목회자의 중요한 책임 중 하나다.

종교개혁자들이 예배를 위해 도입했던 시편찬송가 같은 경우도 마찬가지다. 물론 시편에 대한 참된 묵상과 이해가 우선이어야 하지만 개신교의 태동과 함께 교회 안에서 찬송의 제물로 귀히 여기던 시편찬송가 같은 유산을 사용하는 것은 후시대를 사는 성도들의 특권이다. 그 특권을 오히려 비웃고 조롱하며 우리 시대의 것만 고집한다면, 값비싼 보물을 발견하고도 오늘 만든 것이 아니라고 던져버리는 어리석은 자와 같다. 오랜 교회 역사 시대 동안에 만들어지고 불려졌던 교회음악에 대해 마음을 열어 놓고 발굴과 계승을 위한 연구와 연주를 게을리하지 않아야 한다.

3. 우리 시대의 창작

그런 가운데서도 오늘날 우리 시대의 기독음악인들은 새롭게 찬송을 만들어 불러야 할 사명도 있다. 그런 일은 없어 보이지만, 옛것만을 고집하는 것도 오늘날 현대음악만 고집하는 것처럼 불균형적이고 또 하나의 직무유기다. 급속도로 세속음악과 동일시 되어가는 교회음악을 보고만 있을 것이 아니라 이 시대에도 찬송의 정신에 합당한 창작을 할 수 있어야 한다. 그 일을 위해 성경이 말씀하시는 찬송에 대한 의미부터 일치를 가질 수 있도록 노력하되, 찬송음악에 대하여서는 옛것과 새것의 균형과 조화를 꾀해야 한다. 기나긴 교회음악 역사의 끝자락에 서 있는 자들답게 그 전통을 바탕으로, 그 전통을 계승하면서도 우리 시대만의 찬송음악을 고민하여 창작하고 부르는 일에 힘을 모아야 한다. 단순히 옛것을 이만큼 했으니 새것도 이만큼 집어넣어야 된다는 식의 구색 맞추기를 하라는 것은 아니다. 역사 안에서 드러난 찬송 음악에 덧붙여 포함시키기에 어울리는 음악, 찬송의 성경적 의미에 적합하다고 확실하게 판단되는 음악을 찾아 찬송 음악에 사용할 수 있도록 격려하고 도와야 한다. 이런 찬송이 마련되지 않았다면, 합당하다고 여겨지는 찬송이 마련될 때까지 차라리 옛것 중에서 선택하여 제물로 드리는 게 낫다.

물론 현실적인 면에서 어렵고 힘든 일이 되겠지만, 우선 소수라도 뜻있는 교회들과 성도들이 힘을 모아 이런 찬송을 만들고 부를 수 있도록 애써야 한다. 교회들이 다 함께 나서서 이러한 일을 장려하고 주도하면 좋겠지만 지금의 현실은 이 일이 너무도 개별적인 책임으로만 치우쳐 있는 형편인 것처럼 보인다. 현실적인 교회의 문제들이 특별히 찬송에만 국한된 문제는 아닐 것이다. 하지만 형편이 어떠하든 성경이 가르쳐주시는 참된 제물로서의 찬송을 하나님께 올려 드리려는 일은 계속되어야 하고, 지금 할 수 있는 일부터 시작해야 한다. 찬송을 맡은 자들 중에 누구는 우리 시대만의 찬송을 만드는 일에도 힘써야 할 것이다. 단, 그저 음악적인 재능이나 하나님에 대한 단순한 열정만을 가지고 세속 음악에 편승하여 만드는 것이 아닌 찬송의 정신에 합당한 음악이 될 것을 고민하고 만들어진 찬송이라야 한다. 앞에서도 말했지만 찬송을 만드는 일은 그가 아는 하나님 지식에 비례한다고 했다. 따라서 찬송을 주도하는 자들은 누구보다 더 말씀을 묵상하고 그 동안 교회가 쌓아 왔던 찬송 음악을 연구하는 그 두 가지를 모두

성실하게 가지려고 힘쓰는 가운데 창작에 나서야 한다. 그리고 교회는 이와 같은 내용으로 창작된 찬송을 분별하여 받아야 하고, 또 그런 기독음악인들을 장려함으로써 이 시대에도 진정 하나님께 올릴 제사에 합당한 제물인 찬송이 만들어지고 불려질 수 있도록 구해야 한다.

시대는 어둡고, 교회는 지난 몇 십 년 동안 너무도 세속음악에 편승하여 찬송을 만들고 불러 왔으므로 단숨에 무엇을 뒤집을 수는 없을 테지만, 뜻있는 기독음악인들은 과거의 올바른 찬송을 이어받는 오늘날의 교회음악을 만들고 부를 수 있게 하는 일에 진지한 열심을 내야 한다. 이방종교의 신에 대한 노래, 우상숭배나 미신을 섬길 때 황홀경에 빠져서 울부짖는 소리와 여호와 하나님의 이름을 찬송할 때의 음악은 같을 수 없다. 감정에 충만한 것 자체를 성령에 충만한 것으로 착각하지 않아야 한다. 더 나아가 현대의 대중음악이 악한 시대정신에 아부하려고 타락한 본성을 즐겁게 하는 목적으로 만든 음악을, 거룩하신 하나님께 흠 없는 제물로 예배해야 하는 찬송에 무분별하게 가져다 사용하는 것은 더더욱 용납해서는 안 된다.

이 시대의 기독 음악인들은 이 세 가지 사실 정도를 염두에 두고 이 시대의 교회와 하나님 아버지의 영광을 위해 봉사하려고 해야 한다. 훌륭한 음악인 이전에 신실한 성도가 되기를 더 중요하게 생각하여 늘 말씀 앞에 무릎 꿇고 진리의 말씀을 들으려고 애써야 할 것이다. 교회 역사 속에서 신실한 성도들에 의해 이미 만들어지고 불려졌던 보화와 같은 찬송을 발굴해 내어 소개하고, 동시에 그 역사를 기반으로 하여 우리 시대에도 하나님께 올려 드리는 찬미의 제사에 합당한 찬송을 창작하려는 일에도 진지한 열심을 가져야 한다. 기독음악인들은 이와 같은 사명이 있음을 명심하고 자기가 받은 은사를 이 일을 이루는 데 모든 힘을 기울여야 한다.

성도들도 마찬가지다. 찬송에 대하여 그저 누가 하자는 대로, 현재 유행하는 대로 무조건 따라가기만 하지 말고, 찬송이 하나님께 흠없이 바쳐야 할 제사 중 하나라는 중대한 의미를 훼손시키지 않는 길이 어디에 있는지에 대해 고민하며, 항상 찬송과 음악에 대한 올바른 이해를 갖기 위해 애써야 한다. 그것이 신앙의 즐거움이자 중요한 하나의 특징이 되어야 한다. 진리가 실용주의에 점령당한 이 시대에는 결코 쉽지 않은 일이지만, 그럼에도 불구하고 모두가 마음을 다해 함께 부를 수 있는 찬송이 만들어져 소개되고, 또 불려지는 역사가 일어나기를 간절히 기도하며 기다려야 한다.

노래 위의 노래

찬송

참고문헌

서책

김금희. "바하의 음악이 끼친 영향," 음악동아 (1984년 6월) pp. 22-25.

김미애. 서양의 교회음악. 서울 : 삼호출판사, 1991.

세광음악출판부. 표준음악사전. 서울 : 세광음악출판사, 1990.

세광출판사편집국. 명곡해설전집. 서울 : 세광출판사, 1983.

이성삼. 명곡대사전. 서울 : 세광출판사, 1982.

_____. 서양음악사. 서울 : 정음사, 1981.

주정식. 교회음악발달사. 서울 : 호산나음악사, 1990.

찰스 스펄젼. "스펄젼의 시편강해." 제7권. 서울 : 생명의 말씀사, 1997.

홍세원. 음악사의 이해. 서울 : 아트소오스 라이브러리사, 1990.

라이히텐트리트, H. 음악의 역사와 사상. 김진균 옮김. 서울 : 학문사, 1993.

Anderson, Robert. "빌헬름 리하르트 바그너." 음악의 유산 제6권 : 오페라의 세기. Robert Donington 엮음. 서울 : 중앙일보사, 1986.

Appleby, David P. 교회음악사. 박태준 옮김. 서울 : 세종문화사, 1992.

Brindle, Reginald Smith. 새로운 음악. 김동주 옮김. 서울 : 도서출판 작은우리, 1991.

Danto, Arthur C. 미를 욕보이다. 김한영 옮김. 서울 : 바다출판사, 2017.

Griffiths, Paul. "쇤베르크, 베르크, 베베른." 음악의 유산 제 10권: 현대음악. Wilfrid Mellers 엮음. 서울 : 중앙일보사, 1986.

Grout, Donald J. 서양음악사(上). 김진균.나인용.이성삼 공역. 서울 : 세광음악출판사, 1989.

Hoppin, Richard H. 중세음악. 김광휘 옮김. 서울 : 삼호출판사, 1991.

Kamien, Roger. 서양음악의 유산I. 김학민 옮김. 서울 : 도서출판 예솔, 1993.

_____. 서양음악의 유산II, 김학민 옮김 (서울:도서출판 예솔, 1993), p. 530.

Miller, H. M. 새 서양 음악사. 최동선 옮김. 서울 : 현대음악출판사, 1990.

Salzman, Eric. 20세기 음악사. 조응순 옮김. 경남 : 영남대학교 출판부, 1992.

Schaeffer, Francis A. 그러면 우리는 어떻게 살 것인가?. 박형용 옮김. 서울 : 말씀사, 1992.

Seay, Albert. "중세의 음악." 음악의 유산 제 1 권 : 서양음악의 탄생. Roger Blanchard 엮음. 서울 : 중앙일보사, 1986.

Stevens, Denis. Blanchard, Roger. Harman, Alec. "르네상스 전성기의 음악." 음악의 유산 제 1 권 : 서양음악의 탄생, Roger Blanchard 엮음, 서울 : 중앙일보사, 1986.

Whenham, John. "몬테베르디와 오페라의 탄생." 음악의 유산 제 1 권 : 서양음악의 탄생. Roger Blanchard 엮음. 서울 : 중앙일보사, 1986.

Wold, Milo & Cykler, Edmund. 서양음악발달사. 허방자 옮김. 서울 : 삼호출판사, 1992.

기타자료

두산백과, 「백남준」, https://terms.naver.com/entry.nhn?docId=1167715&ref=y&cid=40942&categoryId=34387

「사탄의 음악과 좋은음악의 경계와 차이점, 음악의 변질과정, 방법, 구별법소개, 음악으로 음란과 범죄를 일으킨다?」, 2015. 2. 8. https://www.youtube.com/watch?v=8uo2kuFe8d0&index.

「현대예배음악(CCM)의 진실」, 2015. 9. 12. https://www.youtube.com/watch?v=Rwp0xDGzAi0&index.

「John Cage - Sonata II (from Sonatas and Interludes) - Inara Ferreira, prepared piano」, 2012. 8. 31. https://www.youtube.com/watch?v=xObkMpQqUyU

「John Cage's 4'33"」, 2010. 12. 15. https://www.youtube.com/watch?v=JTEFKFiXSx4.